教保實務 II

鄭玉珠　著

編輯大意

1️⃣ 本書係依據教育部民國八十七年九月頒布之家事職業學校「教保實務 I、II」課程標準編輯。

2️⃣ 全書分 I、II 兩冊，供家事職業學校幼保科第三學年，第一、二學期每週七節教學之用，每學期各七學分，共十四學分課程。

3️⃣ 本書教學目標：
(1)明瞭教保實務的意義與範圍
(2)充實教保活動經驗
(3)體認教保人員的責任與倫理

4️⃣ 本書編排架構：
(1)學習目標：讓學生了解各章學習目標、重點
(2)引言：引導學生快速入門，了解各章學習內容
(3)動動腦：引導學生思考、腦力激盪各章特點
(4)摘要：以簡明扼要的文字，引導學生了解各章內容全貌
(5)立即挑戰：評量學生學習狀況
(6)想一想：多思考、多討論，培養學生省思探究精神

5️⃣ 書中文字力求簡明扼要，期能透過引言提升學習興趣與效果。

6️⃣ 本書編校十分嚴謹，仍恐有疏漏之處，尚祈教育先進惠予指正，使本書更趨完善。

7️⃣ 本書部分插圖承林靜宜、林慧雯姊妹鼎力相助完成，特此致謝。

作者簡介

鄭玉珠

學歷
私立中國文化大學家政學系
國立台灣師範大學家政教育研究所（暑期部）

經歷
私立復旦中學幼保科主任兼附設幼稚園園長
桃園縣幼教聯誼會創會會長
桃園縣教育局幼教輔導員

現任
國立曾文家商幼保科主任兼附設托兒所主任
丙級保母檢定監評

目　次

5 集中實習 1

6 職業輔導 61

圖表目次

教保實務

II

VI

Chapter 5

集中實習

學習目標

- ◯ 了解集中實習的意義與功能
- ◯ 知道集中實習內容
- ◯ 知道集中實習各階段工作
- ◯ 獲得教保工作者的實際知能
- ◯ 陶冶教保工作者的使命感、職業道德觀

做中學之二

校外集中實習前，安利用課餘時間帶著整組同學到托兒所報到，所長和她們談了約十分鐘左右，發下實習工作分配表，同學們就各自回家。

「第一天實習，我除了努力記住小朋友的名字外，還仔細的看著、聽著老師與幼兒們互動的語言、肢體動作……等，也許是心理壓力太大吧！覺得今天過得特別慢，回家後躺在床上，竟不知不覺進入夢鄉。

第二天午飯後，慈楷自己跑到戶外遊樂場，一不小心踩空摔下來，額頭出現一個疤，慈楷很勇敢，當我把冰塊放在他額頭上冰敷時，他乖乖的坐在椅子上，所以冰敷約二十分鐘左右，疤就小些了。聽老師說慈楷無論遇到任何事都不會哭，因為哭只會被打；我不禁擔心著慈楷長大後的人格發展。

第三天，我懷著既期待又怕受傷害的心情，單獨與幼兒互動三十分鐘，沒想到孩子們居然與我默契十足；回家前我難掩興奮之情的接受老師指導，老師告訴我：今天的成功，歸功於事前的準備充分，如果能繼續保持這種認真學習的態度，我將會是明日幼教之星。今晚我不斷的思索著：如果沒有學校老師的辛苦指導，我也不會有今天這種表現。『選擇我所愛，更愛我選擇』是我此刻的最佳寫照。

第四天……，第五天……」

以上是安集中實習期間實習日記的摘要。

集中實習後，安及全班同學參加由實習指導委員會召開的實習檢討座談；安不疾不徐地述說著實習點滴，說完後竟情不自禁的唱起——「感恩的心」這首歌。

 動動腦

製作感恩謝卡——動動腦、動動手，設計製作感恩謝卡，感謝所有伴你成長的師長們。

第一節
集中實習的意義與功能

幼保科學生經過校內教保實習後，已經獲得很多教保工作的實際經驗，然而此時所獲得的經驗可能是零碎的、片段的。為了讓學生能進一步統整教保知能，獲得臨機應變的能力，就必須進行校外集中實習。

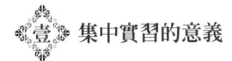 ## 壹 集中實習的意義

集中實習就是幼保科學生於畢業前夕，到校外特約實習機構或其他兒福機構，實施為期二～四週（註：二～四週為 87 年 9 月教育部頒布之課程標準 p.47 教學注意事項之六）的密集實習之意。

貳 集中實習的功能

一、驗證學理，獲得基本教保工作的實際知能

集中實習是一種連續密集的實習方式，具連續性、階段性、系統性之特性，因此比教保實習時片段的實習較能統整印證已知學理，甚至獲得新知與基本教保工作的實際知能（如圖 5-1）。

二、訓練應變能力，培養省思探究與統整能力

連續密集的實習，讓實習生從開始到結束全程參與，過程中的突發狀況與事件，可訓練實習生臨機應變能力，若實習機構輔導教師能引導實習生養成每日思考及檢討評估的習慣，就能培養省思探究與統整能力。

三、培養溝通、表達能力，增進行政處理效能

集中實習增加較多與幼兒、家長接觸的機會，增加與實習機構主管及其他人員的互動，不但可增進行政處理效能，還能培養溝通、表達能力。

四、培養敬業樂群的精神、積極的職業道德觀

幼兒是活潑靈活的個體，非常需要保育人員適切的保護、照顧與關愛；集中實習的密切互動，可培養實習生真誠、接納、合作……等敬業樂群的精神，及積極的職業道德觀。

五、陶冶教保工作人員的使命感、職業倫理觀

資深優良保育人員的敬業、專業，能讓實習生體會教保工作人員的責任，進而培養職業倫理觀念。

六、培養積極主動精神，奠定終身學習及生涯規畫之基礎

連續密集的實習，讓實習生知道積極主動才能使各項活動順利

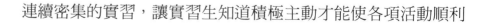

進行，當實習生不能順利處理突發狀況時，就能激發吸收新知的省思探究精神，所以集中實習能培養積極主動的精神，奠定終身學習及生涯規畫之基礎。

 圖 5-1　連續密集的集中實習（圖中為實習生於集中實習期間，實際帶領幼兒戶外教學活動）可驗證學理，獲得基本教保工作的實際知能

第二節
集中實習的內容

幼保科學生集中實習的內容，分下列兩大項：

❖壹❖ 教學、保育工作

一、教學工作

編寫教保活動設計、布置教保情境、準備教材、製作教具、設計幼兒學習活動觀察評量與記錄、試教、活動室經營……等。

二、保育工作

幼兒生活輔導、室內外導護活動、參與接送幼兒、餐點實務、協助處理幼兒特殊（或意外）事件……等。

❖貳❖ 行政工作

熟記幼生姓名、熟悉作息時間、參與實習機構各項活動（含親子活動、研習活動、各項會議、運動會……等）、參與家庭訪視……等。

集中實習內容及進度如下表（表5-1），集中實習各項工作詳細

內容及注意事項，詳見教保實務第 I 冊第三章、第四章。

 表 5-1　集中實習內容及進度

進度	實　習　內　容
第一週	1.認識實習機構主管及教職員工，並熟記其姓名，了解行政組織概況。 2.了解實習機構各項相關規定。 3.熟悉實習機構作息時間、環境。 4.認識幼生，熟記幼生姓名。 5.了解實習機構教保模式、教保活動行事曆。 6.其他。
第二週 ～ 第四週	1.學習保育人員教學及活動室經營技巧。 2.學習如何準備教材、教具、布置教保情境。 3.熟悉實習機構教保模式、設備、教材、教具。 4.協助保育人員進行各種教保活動及填寫觀察記錄。 5.學習並協助園所活動之策畫。 6.學習與幼兒交談技巧、幼兒行為觀察與輔導。 7.配合實習機構教保活動行事曆，設計教保活動，進行試教。 8.學習試教一整天之活動經驗。 9.參與實習機構各項活動。 10.與實習機構輔導教師討論，分享教保相關事宜。 11.其他。

第三節

集中實習前的準備工作

　　負責承辦校外集中實習的單位為實習輔導處，以下僅就實習輔導處與實習生（學生）二方面，說明集中實習前的各項準備工作。

 壹 實習輔導處於集中實習前的準備工作

一、確定實習期間：與教務處協調確定校外集中實習期間。

二、確定實習機構、實習名額：發函至特約實習機構（特約實習機構合約書，如附錄 1）或實習生自覓之實習機構，徵求確定各機構實習名額。

三、造冊、公布各鄉鎮實習機構及實習名額。

四、印製實習申請單（如表 5-2）、實習報到單（如表 5-3）、實習輔導教師推薦表（如表 5-4）、實習評量表（如表 5-5）、實習成績總表（如表 5-6）、訪視記錄表（如表 5-7）、實習手冊……等集中實習相關表件。

五、召開實習指導委員會，修訂「校外集中實習實施要點」（詳見 p.28）、「實習機構協辦事項」（詳見 p.10）及「校外集中實習須知」（詳見 p.29），並擇定召開實習前說明會、實習檢討座談會日期。

六、安排實習機構：排定後公布各實習生（學生）之實習機構與同機構實習同學名單、實習期間。

七、寄邀請函（卡）（如圖 5-2），邀請實習機構負責人或主管人員參加實習說明會。

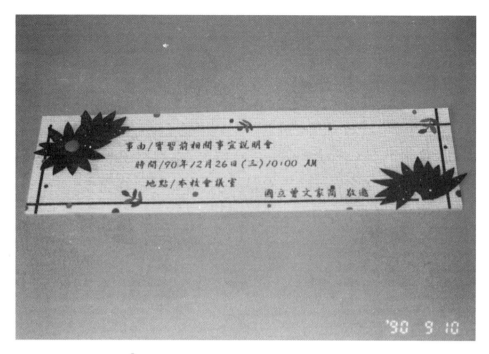

 圖 5-2　集中實習前說明會邀請卡

八、召開實習前說明會：實習前說明會的主要目的，是讓實習機構
　　了解實習內容、實習成績考核方式及實習機構協辦事項，以落
　　實實習成效（如圖5-3，5-4）。實習機構協辦事項如下頁所示：

召開實習前說明會，讓實習機構了解實習內容及協辦事
項，如：實習結束應填寫評量表……等工作，寄回學校

 圖 5-3　實習機構協辦重要工作流程

◆ 實習機構協辦事項 ◆

一、出席實習指導委員會召開之實習前說明會。

二、遴選實習輔導教師，每位實習輔導教師以輔導一位實習生為原則。請於實習開始三天內填妥「實習輔導教師推薦表」寄回學校（高職）實習處。

三、可由多位實習輔導教師組成「實習生輔導小組」，以協調及統籌辦理實習生相關事宜。

四、協助實習生擬訂實習計畫，可與學校（高職）實習指導教師共同商議後訂定，雙方各執一份，以作為實習輔導及評量之依據。本實習計畫須於實習開始一週內完成。

五、實習生實習內容以教學、保育工作實習為主，行政參與及研習活動為輔。並依各實習機構行事曆及需要，提供實習生多方面的實際經驗。

六、實習生實習內容及進度，請依實習手冊之實習內容實施。

七、請實習輔導教師協助輔導實習生撰寫實習手冊各項表冊，並給與初評，以落實實習成效。

八、實習進程採逐步進階方式進行，先觀摩、見習再實作，視實習生能力，逐漸增加實習項目及實作時間。

九、實習生平時評量項目為「實習日誌」、「教保實習活動設計」及「行政參與」等，請實習輔導教師填寫評語、建議，以為實習生檢討、改進之依據。

十、請嚴加考核實習生出勤情形，曠職（或缺席）時數超過總時數三分之一者，敬請知會學校（高職）實習處（學校電話）。

十一、實習結束，請實習機構填寫校外集中實習評量表，寄回學校（高職）實習組（學校地址）。

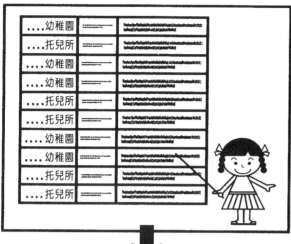

確定實習機構、
實習學生

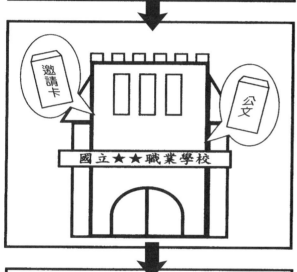

發公文、邀請卡
邀請實習機構負責人
或主管參加實習前說明會

實習指導委員會
召開實習前說明會
說明實習相關事宜

 圖5-4　實習輔導處於集中實習前重要工作流程

✐ 表 5-2 （校名）幼保科學生校外集中實習申請單

姓　　名		考　號		出生年月日	年　　月　　日
家長姓名		職　業		服務機關	
住　　址				電　　話	
緊急聯絡人		與學生關係		電　　話	

實習意願	意願順序	縣（市）	鄉（鎮）	實　習　機　構　全　銜	
	1.				
	2.				
	3.				

校外集中實習家長同意書

　　茲同意　　　　　　　　參加（校名）○○學年度校外集中實習，實習期間生活作息由本人負責督導。

　　　　　　此　致

（校名）

家長簽章：

注意事項：

一、實習期間：自　　年　　月　　日起至　　年　　月　　日止。

二、原則上依學生申請之第一志願為實習機構，若因故無法依第一志願安排時，則依序類推。

三、經選定之實習機構，無任何理由可更改，請同學們要慎重選擇，填妥後請將申請單交回實習組。

表 5-3 （校名）幼保科學生實習報到單

實 習 生		考號		報到日期	年　　月　　日	
住 宿 地 址			電　話			
實 習 機 構			負 責 人		章	
地　　　　址			電　話		傳真	
班 級 數	班	人	教職員數		人	
E-Mail						
輔 導 教 師		電話		業務聯絡人		
同校實習生						

實習機構交通路線圖

註：請於報到三天內填妥，寄回實習處實習組。

（學校地址）

填報人：　　　　　　　　填報日期：　　年　　月　　日

13

表 5-4 （校名）○○學年度實習輔導教師推薦表

實習輔導教師由實習機構遴選，薦送學校實習處；其遴選原則如下：

一、有能力輔導實習生者。

二、有意願輔導實習生者。

三、具有二年以上之教保經驗者。

四、擔任實習輔導教師者，應具有合格教師資格。

五、每一實習輔導教師以輔導一名實習生為原則，並得視需要實施團體輔導。

實習生姓名	性別	出生年月日	實習班級	通 訊 處	電 話	備 註

輔導教師姓名	性別	學 歷	教學年資	通 訊 處	電 話	備 註

實習機構：

負責人：

主　管：

註：本推薦表請於實習生報到三天內郵寄（或傳真）擲回「（學校地址）」

電話：　　　　　傳真：

表5-5　（校名）幼保科學生校外集中實習評量表

一、實　習　生：　　　　　　　　考號：

二、實習機構：

三、實習期間：　　年　　月　　日至　　年　　月　　日

四、評量說明：請在表現程度的等級下打「✓」，並於「對實習生建議」欄內補充說明。

評量項目 \ 表現程度	非常優秀	很優秀	優秀	尚可	不理想	對實習生建議
㈠品行操守						
1.儀容整潔，舉止端莊						
2.態度親切						
3.喜愛幼兒，主動親近幼兒						
4.關心幼兒，細心照顧幼兒						
5.其他（請說明）						
㈡服務態度及敬業精神						
1.不遲到不早退，不任意請假						
2.按時完成園所交辦各項工作						
3.按時出席各項會議，參與討論						
4.主動請教輔導教師，虛心接受指導						
5.其他（請說明）						
㈢表達能力及人際關係						
1.口語表達清晰，善用肢體語言						
2.與幼兒說話時多用正向和開放式語言						
3.容許幼兒表達不同的看法，呈現不同的作品						
4.與同事相處融洽						
5.適時與家長聯繫，保持良好關係						
㈣教學能力及生活輔導知能						
1.活動設計符合幼兒發展的需要、具統整性，並配合當地人文特色						
2.善用多種生活化的教材教具和社會資源						
3.活動設計以幼兒能主動參與和操作為主						
4.活動安排能尊重幼兒個別差異						
5.能和幼兒共同討論共同布置學習環境						
6.學習情境配合主題，教具陳列整齊，且能符合幼兒高度，以便幼兒能自行拿取						
7.細心觀察、詳細記錄幼兒的學習情形，並能據以改進教學						
8.多以鼓勵和引導的方式輔導幼兒，能給與適應困難幼兒適切的協助						
9.機警敏銳、妥善處理突發事件，細心維護幼兒安全						
10.其他（請說明）						

總　評：

實習機構負責人：　　　　　　　　　評量者：

註：本評量表請於實習生實習結束時給予總評，總分由學校（高職）核算。

✏️ 表 5-6 （校名）幼保科學生校外集中實習成績總表

一、實 習 生：　　　　　考號：

二、實習機構：

三、實習期間：　　年　　月　　日起至　　年　　月　　日止

四、實習成績：

評　量　項　目	％	成績
實習機構考核	40	
實習指導教師訪視考核	20	
實習手冊 （含實習計畫、心得報告）	40	

評語：

總分：　　　　分

實習機構負責人：　　　　　　　　　實習指導教師：

註：此表於實習結束核算集中實習總成績用。

表5-7 （校名）○○學年度第○學期幼保科
學生校外集中實習訪視記錄表

訪視日期： 年 月 日

訪視園（所）名		實習學生	
園（所）長姓名		訪視者	
園（所）址		電話	

訪視概況：

建議：

備註：

貳 實習生於集中實習前的準備工作

一、將自覓實習機構承諾書（如表 5-8）交回實習組彙整。

二、班長至實習組領取各項實習相關表件與實習機構、各機構實習名額。

三、申請實習機構，由學生填寫實習申請單（如表 5-2）。

四、選小組長：依實習處公布之各生實習機構編組名冊，遴選各實習機構小組長。

五、領取實習報到單（如表 5-3）、實習手冊。

六、參加實習說明會。

七、實習指導教師說明實習須知、撰寫實習手冊注意事項。

八、小組長至實習機構，與負責人或主管聯繫集中實習相關事宜。

九、小組長帶領整組同學前往實習機構，了解實習機構教保理念、環境、設備、教保行事曆、作息時間……等相關事宜。

十、草擬實習計畫：實習生應於集中實習前依據實習內容及進度，草擬實習計畫，以便與實習機構輔導教師商議，並如期完成實習計畫之編擬工作。

表 5-8 　（校名）幼保科學生校外集中實習機構承諾書

實習機構全銜		負責人	
地　　　　址		電　　話	
實　習　生			

　　茲承諾（校名）幼保科學生　　　等　名（名單如上列）於　　學年度校外集中實習期間，前往本機構實習。

　　　特此承諾

　　　　　　　　　　　　　　實習機構負責人：

　　　　　　　　　　　　　　申請學生：

　　　　　　　　　　　　　　學生家長：

中華民國　　　年　　　月　　　日

註一：本承諾書請實習機構負責人簽名蓋章
註二：本承諾書填妥後，由學生交回學校實習組

第四節
集中實習期間應注意事項

集中實習期間,實習生應依據實習內容,配合自己的能力、興趣、需要及實習機構要求,擬定實習計畫,然後依據實習計畫內容及進度實習,一方面在實習指導教師、實習機構輔導教師的協助指導下,逐步進階獲得教保相關工作的實際知能與經驗;另一方面,實習生透過計畫→執行→省思的過程,從逐日記錄的脈絡中印證學理,探討問題真相。這種實作省思的過程,能得到師長的回饋與互動,才能看到實習成效,落實集中實習功能。接著將從實習指導教師、實習機構輔導教師、實習生三個不同角色,談集中實習期間應注意事項。

 壹 實習指導教師於集中實習期間協辦事項

一、訪視輔導

㈠訪視實習機構前,應先通知受訪單位、實習生。

㈡訪視時至活動室觀察實習生教保實習情形,課後應指導實習生或與實習生討論實習情況(如圖 5-5)。

㈢訪視結束應填寫「訪視記錄表」(如表 5-7)。

二、遠距輔導

㈠實習生實習期間，實習指導教師應透過電話，隨時主動諮詢實習生在實習機構實習情形，遇任何問題應立即協助處理。

㈡實習指導教師可透過電腦網路，提供最新教保資訊或指定其他實習內容、實習作業，及其他實習相關事宜。

實習生

實習機構輔導教師、實習指導教師

 圖5-5 訪視輔導（實習指導教師至實習機構實地訪視實習生實習情形）

貳 實習機構輔導教師於集中實習期間協辦事項

實習生於實習機構報到後，實習機構負責人或主管，應於三天內填妥「實習輔導教師推薦表」（如表5-4），寄回學校（高職）實

習處;並依實習生能力、興趣、需要分配實習班級,指定輔導教師。實習機構輔導教師輔導實習生實習工作分為以下兩大項:

一、日常輔導

㈠出勤:實習機構輔導教師應考核實習生出勤情形,若曠職(或缺席)時數超過實習總時數三分之一時,應知會學校(高職)。

㈡實習進程採逐步進階方式進行,先觀摩、見習,再實作,實作時應依實習生能力,從帶領一項活動進入二項活動,最後是一整天的活動。

㈢實習生於觀摩(如圖5-6)、見習期間,應協助其解惑,並指導實習生班級經營、生活輔導之技巧。

㈣依據實習內容、進度,協助實習生完成各項實習計畫、實習工作,事後與實習生討論工作缺失,以作為下次實習之參考。

㈤實習機構輔導教師應輔導實習生撰寫實習手冊,對於「教保實習活動設計表」、「幼兒學習活動觀察記錄」、「試教實習自評表」、「實習日誌」……等內容,實施初評。

二、評量

㈠實習期間依據實習計畫內容、進度,逐項評量,並向實習生說明評量重點及應改進事項。

㈡實習結束後,實習機構輔導教師應即填寫「集中實習評量表」(如表 5-5),經實習機構負責人簽章後,寄回學校(高職)實習組核算實習成績。

圖5-6　實習生觀摩戶外教學情形

參 實習生於集中實習期間應注意事項

實習生在集中實習時，除了會面臨從學生變為保育人員的角色改變壓力外，還會因面對一個陌生的環境，出現緊張、焦慮與不安。為了使實習生能順利適應集中實習時的種種變化，建議實習生應於集中實習時，先與實習機構輔導教師建立良好的友誼關係。以下便提供建立良好友誼關係的原則。

溫和、有禮
語氣溫和、面露微笑，能主動與實習機構所有成員打招呼，相信在實習生溫和有禮的良性互動下，一定能建立雙方良好友誼關係。

傾聽、關懷
積極傾聽、關懷實習班級的各種狀況，確實遵守實習機構輔導教師對實習生之要求。

敏覺、協助
敏銳察覺實習班級各種狀況，有不懂或不了解的地方，應勇敢請教或詢問，主動協助實習機構輔導教師，完成班級各項事務工作。

主動、熱誠
為表示對工作有熱誠，實習生應於每日實習結束，主動留下來協助整理環境，準備隔日的教保事宜。總之，實習生若能表現出喜愛幼兒、熱愛教保工作的態度，較能博得實習機構輔導教師的指導及友誼。

一、教保工作（如圖 5-7）

㈠發揮教保專業精神，將所學教育理論應用於實際教保活動中，並虛心接受指導。

㈡依據實習目標、內容及進度，編寫實習計畫。

㈢實習期間的穿著，除了要適合教保活動的進行，還應力求整潔、端莊，以為幼兒表率。

㈣教保試教前應編寫教保活動設計，經與實習機構輔導教師商議後定案。

㈤教保試教前應依據教保活動目標，設計幼兒學習活動觀察記錄表。

㈥教保試教前應布置教學情境，以引起幼兒學習動機；充分準備教具及各種教學資源，以提高教保活動成效。

㈦教保活動過程應確實觀察記錄幼兒學習活動情形，以了解幼兒學習狀況，並作為輔導幼兒之依據。

㈧每次教保試教後，應填寫實習試教自評表（參見 p.47），並請實習機構輔導教師評閱，接受實習輔導教師指導與回饋。

㈨教保試教後，對於實習機構輔導教師的指導若有不解之處，可婉轉提出自己的看法，然仍應尊重實習輔導教師的意見。

二、行政工作

㈠家庭訪視、生活輔導、導護活動之參與，應在實習機構輔導教師指導下學習。

㈡實習生應參加實習機構舉辦之各項活動，如：親職講座、親子運動會、園遊會或教師在職進修研討會……等活動。

編寫教學活動設計

製備教具

布置情境

試　教

記錄幼兒學習狀況

撰寫心得報告

 圖5-7　集中實習期間實習生工作內容

三、其他

㈠實習期間實習生應遵守實習機構作息規定，不遲到、早退；若
　因故無法實習時，應依實習機構規定辦理請假手續。

㈡實習生至實習機構報到後，應於三天內填妥「實習報到單」（如
　表5-3），寄回學校（高職）實習組。

㈢實習生應逐日撰寫「實習日誌」，請實習機構輔導教師初評，
　以作為檢討、改進之依據。

㈣實習生未經實習班級導師同意，不得私自訪視家長或單獨與幼
　兒出遊。

㈤實習期間遇任何問題，除主動與實習機構輔導教師討論外，還可透過電話或電子郵件，與實習指導教師討論、研究，使實習經驗獲得專業性的指導與理念的啟發。

㈥實習期間應依規定完成實習手冊，手冊內容如下（pp. 27～52）：

註▶製作、編寫實習手冊說明於下：

1. 實習手冊封面，由實習生自行設計製作。

2. 實習生應依規定逐項完成實習手冊內容之編寫。

3. 各校可依實際狀況增減實習手冊內容。

4. 實習生應依實習機構規定，完成各項實習書面作業。

5. 實習生可於手冊後，加入實習期間生活照片，並於照片處說明照片內容，以便實習輔導教師能更清楚了解實習生實習情形。

（校名）幼保科學生校外集中實習實習手冊目錄

一、校外集中實習實施要點

二、校外集中實習須知

三、實習內容與撰寫實習手冊進度

四、實習生出勤記錄表

五、實習生請假單

六、實習機構行政組織概況

七、實習機構教保活動行事曆

八、實習機構作息時間表

九、實習計畫表

十、實習班級幼兒基本資料

十一、實習班級情境簡圖

十二、實習班級常用兒歌及律動

十三、實習班級教師活動室經營技巧

十四、幼兒特殊行為（或意外事件）觀察記錄

十五、教保實習活動設計表

十六、試教教材、教具圖片（或照片）

十七、試教情境布置簡圖（或照片）

十八、幼兒學習活動觀察評量記錄表（試教成效評估）

【註：十四～十八依各校實習規定，決定表格份數】

十九、校外集中實習試教自評表

二十、實習日誌（依各校實習日數決定份數）

二十一、實習機構活動記錄

二十二、實習機構研習活動記錄

二十三、實習心得報告

二十四、實習機構評量表

一、（校名）幼保科校外集中實習實施要點

一、依據教育部民國八十七年九月頒布之家事職業學校「教保實習」課程大綱，及本校「幼保科教保實務實習輔導計畫」訂定。

二、對象：幼保科三年級全體學生。

三、校外集中實習作業流程：

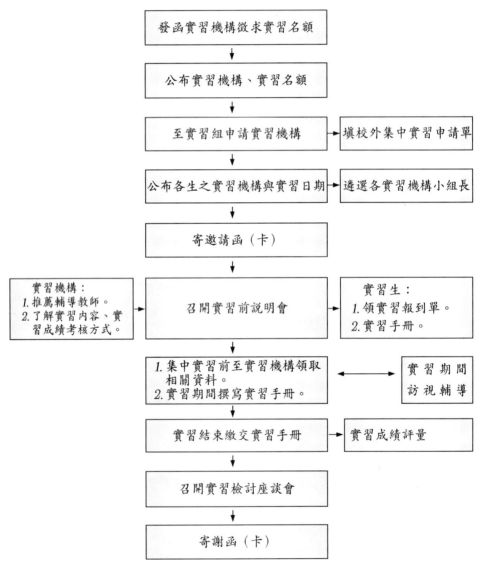

發函實習機構徵求實習名額
↓
公布實習機構、實習名額
↓
至實習組申請實習機構 → 填校外集中實習申請單
↓
公布各生之實習機構與實習日期 → 遴選各實習機構小組長
↓
寄邀請函（卡）
↓
實習機構：
1. 推薦輔導教師。
2. 了解實習內容、實習成績考核方式。
→ 召開實習前說明會 ←
實習生：
1. 領實習報到單。
2. 實習手冊。
↓
1. 集中實習前至實習機構領取相關資料。
2. 實習期間撰寫實習手冊。
↔ 實習期間訪視輔導
↓
實習結束繳交實習手冊 → 實習成績評量
↓
召開實習檢討座談會
↓
寄謝函（卡）

四、實習期間：依實際情況需要，實施二～四週之實習。

五、本實施要點經實習指導委員會通過後實施，修正亦同。

二、（校名）幼保科學生校外集中實習須知　90.10.3 修訂

一、實習期間：　　年　　月　　日至　　月　　日止。

二、實習期間請遵守實習機構作息時間規定，不遲到、早退。

三、實習期間之膳宿、交通費由學生自行負擔，並不得支領實習機構之津貼。

四、實習生至實習機構報到後，應於三天內填妥報到單，寄回學校實習組。

五、服裝：第一天穿著校服辦理報到，第二天以後則力求整潔合宜。

六、因故無法實習時應請假，請假應依照實習機構請假規定辦理請假手續，否則以曠課論。

七、實習未滿十天者（公假除外），應回原學校補實習，否則成績不予計算。

八、實習生於實習期間應本敬業精神及認真學習之態度實習，聽從實習機構輔導教師之輔導。

九、實習生於試教前，應事先設計教保活動，交實習機構輔導教師核閱。

十、實習期間應填寫實習手冊，並請實習機構輔導教師評閱，於實習結束一週內繳交實習指導教師批閱後繳送實習組。

十一、實習期間實習生應參加實習機構辦理之研習活動及各項活動，並填寫活動記錄（記錄表如實習手冊）。

十二、實習結束實習生應向實習機構輔導人員說明，請其填寫實習成績單，寄回學校實習組。

十三、實習成績核算如下：實習機構考核占 40%，實習指導教師訪視考核占 20%，實習手冊 40%。

十四、實習生應與實習機構輔導教師、學校實習指導教師保持聯繫。（學校電話）

十五、如有未盡事宜，請依「本校校外集中實習實施要點」規定辦理。

三、幼保科校外集中實習實習內容與撰寫實習手冊進度

進度	實　習　內　容	撰　寫　實　習　手　冊　進　度
第一週	1.認識實習機構主管及教職員工，並熟記姓名，了解行政組織概況。 2.了解實習機構各項相關規定。 3.熟悉實習機構作息時間、環境。 4.認識幼生，熟記幼生姓名。 5.了解實習機構教保模式、教保活動行事曆。 6.熟記實習機構輔導教師要求。	1.填妥實習報到單，寄回實習組。 2.繪製實習班級情境平面圖。 3.收集實習機構教保活動行事曆、作息時間表。 4.填寫實習機構行政組織概況表。 5.填寫實習班級幼兒基本資料。 6.擬訂實習計畫表。 7.撰寫實習日誌。
第二～四週	1.學習保育人員教學及活動室經營技巧。 2.學習如何準備教材、教具、布置教保情境。 3.熟悉實習機構教保模式、設備、教材、教具。 4.協助保育人員進行各種教保活動並填觀察記錄。 5.學習並協助實習機構活動之策畫。 6.學習與幼兒交談技巧，幼兒行為觀察與輔導。 7.配合實習機構教保活動行事曆，設計教保活動，進行試教（至少二次）。 8.學習試教一整天之活動經驗（至少一次）。 9.參與實習機構各項活動。 10.與實習機構輔導教師討論、分享教保相關活動經驗。	1.撰寫實習日誌。 2.撰寫實習班級常用兒歌及律動，教師活動室經營技巧。 3.編寫教保實習活動設計表。 4.設計幼兒實習活動觀察評量表。 5.繪製試教教材、教具圖、情境布置圖。 6.填幼兒學習活動觀察記錄（試教成效評估）。 7.填幼兒特殊行為（或意外事件）觀察記錄。 8.填實習機構活動記錄。 9.填實習機構研習活動記錄。 10.填集中實習試教自評表。
實習結束	參加集中實習檢討座談會	1.撰寫實習心得報告。 2.撰寫實習機構評量表。

四、實習生出勤記錄表

實習機構：_____ 實習班級：_____ 實習生：_____

日　　期	星期	實到時間	實退時間	輔導教師簽章	備註

○全勤　　　遲到：____小時　　事假：____小時　　公假：____小時
　　　　　　早退：____小時　　病假：____小時　　曠職：____小時

5

集中實習

31

五、實習生請假單

（校名）幼保科學生校外集中實習請假單										
學生姓名					實習機構					
期　　間	自　年　月　日　時至　年　月　日　時止　計　天									
假　　別					證明文件					
事　　由										
實習機構主管					實習機構輔導教師					
實　習　主　任					實習指導教師					

申請人：

中華民國　　年　　月　　日

第一聯　　　實習機構存

- -

（校名）幼保科學生校外集中實習請假單										
學生姓名					實習機構					
期　　間	自　年　月　日　時至　年　月　日　時止　計　天									
假　　別					證明文件					
事　　由										
實習機構主管					實習機構輔導教師					
實　習　主　任					實習指導教師					

申請人：

中華民國　　年　　月　　日

第二聯　　　學校實習處存

- -

（校名）幼保科學生校外集中實習請假單										
學生姓名					實習機構					
期　　間	自　年　月　日　時至　年　月　日　時止　計　天									
假　　別					證明文件					
事　　由										
實習機構主管					實習機構輔導教師					
實　習　主　任					實習指導教師					

申請人：

中華民國　　年　　月　　日

第三聯　　　實習生存

六、實習機構行政組織概況

5

集中實習

範例

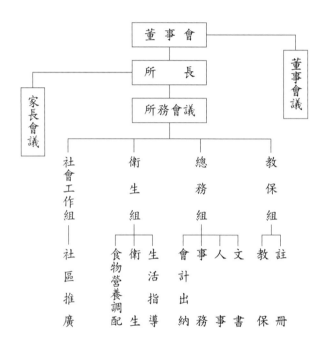

七、實習機構教保活動行事曆

範例

週次	日期	單元名稱	活 動 內 容	生 活 常 規	備 註
			(所名)○○學年度第一學期 單元活動行事曆		
一	9/3-9/7	認識我的學校	開學了 認識新家遊戲場 座位、工作櫃、屁屁屋	我會問早、道好、說再見	九月三日開學
二	9/10-9/14		認識師長和朋友 我會分類收拾、整理 上下樓梯我會小心慢走	離開座位時,我會把椅子輕輕靠攏才離開	測量身高和體重
三	9/17-9/21		我會洗手 自製名片、互相認識	我會輕輕開門、關門	九月份慶生
四	9/24-9/28		自己穿脫鞋襪 親愛的寶貝請一步一步走	我會把垃圾丟進垃圾桶	地震演習(9/25)
五	10/1-10/5		幫桌子、椅子洗臉 整理環境	我會自己倒水、喝茶	親子講座(10/3)
六	10/8-10/12	歡樂運動會	身體會動的地方 健身操	吃東西前我會洗手	十月慶生會
七	10/15-10/19		報紙運動會 詩歌:雲兒在賽跑	我會摺手帕	戶外教學(10/19)
八	10/22-10/26		創作班呼 我們的吉祥物選拔	吃完東西我會擦嘴巴	
九	10/29-11/2		製作邀請卡 親子運動會	接受幫忙我會說謝謝	運動會(11/1)
十	11/5-11/9	追趕跑跳碰	飛天過河 用我的身體跳一跳	我會和爸爸媽媽做運動	十一月慶生
十一	11/12-11/16		神奇呼拉圈 最佳守門員	我會收拾玩過的玩具	
十二	11/19-11/23	神奇的魔術師	科學遊戲 ※唱遊律動	我會自己穿褲子	大家一起來唱歌跳舞
十三	11/26-11/30		氣球變裝秀 磁鐵的魔力	我會摺被子	
十四	12/3-12/7		魔法 yo-yo	我會摺襪子球	十二月慶生會
十五	12/10-12/14		神奇魔術棒 我把大家變顏色了	我會自己穿脫鞋襪	防火演習(12/12)
十六	12/17-12/21	咚咚隆咚鏘	帽子分享日 小小模特兒	我會掃地	舊生登記(12/19)
十七	12/24-12/28		小小化妝師 化裝舞會	我會聽完柔和音樂入睡	
十八	12/31-1/4		大鼓陣 ※語文闖關	睡覺前我會刷牙	語文闖關遊戲 新生登記(1/4)
十九	1/7-1/11		過年日記 小小音樂會	出門前和回家時會告訴家長	一月份慶生會
二十	1/14-1/18	寒假	畫春聯 計畫寒假生活	我會問早、道好說再見	測量身高體重 結業日(1/18)

八、實習機構作息時間表

範例

時　　　間	活　動　內　容
7：20～8：50	幼兒來園、繪畫日記
8：50～9：20	朝會、晨檢、常規訓練
9：30～10：00	點心、自由活動
10：00～11：00	健康、遊戲、音樂、工作、語文、常識
11：10	上午班幼兒離園
11：00～12：00	午餐、自由活動
12：00～14：00	午睡
14：00～14：20	起床整理
14：30～15：10	同 10：00～11：00 活動
15：10～15：40	點心、自由活動
15：40～16：00	互道珍重再見、分享時間
16：10	全日班幼兒離園

九、實習計畫表

實習機構：		負責人：	
地　　址：		電話：	傳眞：
實習期間：　年　月　日至　年　月　日			

一、實習目標：

二、實習內容及進度：

日　期	實　習　內　容　及　進　度	備　　註

十、實習班級幼兒基本資料

班級：_____　　　男：＿＿人，女＿＿人，計：＿＿人

編號	姓　　名	出生年月日	年齡	性別	家中排行	電　　話	特　　徵

十一、實習班級情境簡圖

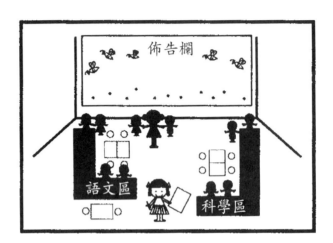

十二、實習班級常用兒歌及律動

範例

4/4C　　　　拍手敬禮

1 2 3 1 ｜ 1 2 3 1 ｜ 4 － 3 － ｜ 21 23 1 － ‖

把椅子轉過來

5 34 56 5 ｜ 3 12 34 3 ｜ 2 5 2 5 ｜ 3 2 1 － ‖

靜息

3 － 5 － ｜ 2·3 4 － ｜ 3 3 21 71 ｜ 2 － 5 － ｜

3 － 5 － ｜ 2·3 4 － ｜ 3 3 23 42 ｜ 1 － － － ‖

十三、實習班級教師活動室經營技巧

十四、幼兒特殊行為（或意外事件）觀察記錄

幼兒姓名		性別		時間	年　月　日　時　分

特殊行為或事件：　　　　　　　　　　　　　　　地點：

教師處理情形	
行為分析	
心　　　得	
建　議	

十五、教保實習活動設計表

設計者：

單元名稱：	班別：	人數：	活動時間：	日期：

教學目標		行為目標	

活動綱要	

活動項目	活動目標	活動內容、過程	時間	教學資源	教學評量

（下頁續）

（續上頁）

活動項目	活動目標	活動內容、過程	時間	教學資源	教學評量

十六、試教教材、教具圖片（或照片）

第一次試教：

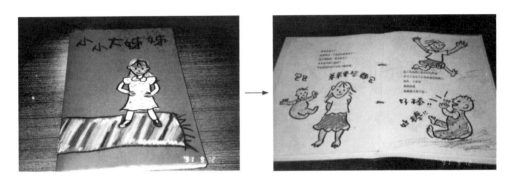

 試教時使用自製圖畫書

第二次試教：

十七、試教情境布置簡圖（或照片）

第一次試教：

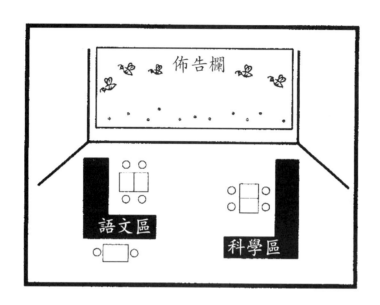

第二次試教：

十八、幼兒學習活動觀察評量記錄表

單元名稱：　　　　姓名：　　　　評量日期：　年　月　日至　月　日 NO.

評量主題	評量內容	觀察結果							
		優異	%	好	%	尚可	%	加油	%
認知	1.								
	2.								
	3.								
	4.								
	5.								
	6.								
技能	1.								
	2.								
	3.								
	4.								
	5.								
	6.								
情意	1.								
	2.								
	3.								
	4.								
	5.								
	6.								
試教成效評估									
檢討									
教師評閱									

實習指導教師：　　　　實習輔導教師：　　　　記錄者：

十九、（校名）幼保科學生校外集中實習試教自評表

評量日期：　年　月　日

評量項目 / 表現程度	非常優秀	很優秀	優秀	尚可	不理想	實習機構輔導教師對實習生建議
(一)儀態						
1.儀容整潔						
2.舉止端莊大方						
3.態度親切和藹						
4.整體服飾搭配適合參與幼兒活動						
5.喜愛幼兒，主動親近幼兒						
(二)教學準備						
1.教保活動設計編寫得宜						
2.教材、教具準備充分						
3.教保情境布置合宜						
4.教保活動評量設計得宜						
5.主動請教輔導教師，虛心接受指導						
(三)班級經營技巧						
1.口語清晰，善用肢體語言						
2.與幼兒說話時常用正向和開放式語言						
3.容許幼兒表達不同的看法						
4.活動室氣氛民主、融洽						
5.活動室呈現紀律、秩序感						
(四)教學能力及生活輔導知能						
1.活動設計符合幼兒發展的需要，具統整性，並配合當地人文特色						
2.善用多種生活化的教材教具和社會資源						
3.活動設計以幼兒能主動參與和操作為主						
4.活動設計能引起幼兒學習的動機						
5.能和幼兒共同討論，共同布置學習環境						
6.學習情境配合主題，教具陳列整齊，且能符合幼兒高度，以便幼兒能自行拿取						
7.活動過程能尊重幼兒個別差異						
8.多以鼓勵和引導的方式輔導幼兒，能給與適應困難幼兒適切的協助						
9.細心觀察、詳細記錄幼兒的學習情形，並能據以改進教學						
10.機警敏銳、妥善處理突發事件，細心維護幼兒安全						

自我檢討：

5 集中實習

47

二十、實習日誌

實 習 生		實習班級		日期	年　　月　　日星期
活動主題				地點	
活動目標					
教學資源					
活 動 內 容					
活 動 檢 討					
心 　 得					
建 　 議					
教 師 評 閱					

實習機構主管：　　　　　　　　　　　　　　實習指導教師：

　　　　　　　　　　　　　　　　　　　　　實習機構輔導教師：

二十一、實習機構活動記錄

活動名稱		對象		參與人數	人
活動日期	年　　月　　日　　時　　分　至　　時　　分				
活動目標					

活動流程（含工作分配）

活動記錄	
心　　得	
建　議	

二十二、實習機構研習活動記錄

活動名稱		參與人數	人
活動日期	年　月　日　時　分至　時　分		
活動內容			
心得			

二十三、實習心得報告

實習機構	
實習心得	
檢討	
教師評閱	

5

集中實習

51

二十四、實習機構評量表

實習機構		負責人	
實習日期	年　月　日至　月　日	輔導教師	

教保模式	
教保特色	

機構評估	○值得實習	○不值得實習	○其他

適合實習原因		不適合實習原因	

實習注意事項	

第五節
集中實習結束的工作

　　集中實習結束，最重要的工作就是檢討與評量，因此，召開實習檢討座談會、核算實習成績，乃為集中實習後兩項重點工作；所以實習小組長至少應於實習結束當日，向實習機構負責人或輔導教師說明，填妥集中實習評量表（如表5-5），簽章後，三天內寄回學校（高職）實習組。除此之外，集中實習結束後還有的各項工作，說明如下：

 ## 壹　實習輔導處集中實習後的工作事項

一、實習組負責複核、登錄學生實習總成績（如表5-6），彙整實習
　　表件。
二、籌畫、召開實習檢討座談會，了解學生實習狀況及所遭遇之問
　　題，彙整成書面記錄，作為各項實習措施改進之依據。
三、集中實習結束後一週內，郵寄謝函感謝接受實習之實習機構。

 ## 貳　實習指導教師集中實習後的工作事項

一、評閱實習手冊。
二、核算集中實習總成績，填寫評語（如表5-6），將實習成績總表
　　及實習相關表件送實習組。
三、彙整實習機構評量表結果，做成書面資料，提報實習指導委員

會參考。

四、參加實習檢討座談會，了解學生實習情況，檢討實習缺失、成效，作為來日教學之參考。

五、協助並指導學生布置實習成果展示會場，及其他有關成果展示事宜。

六、彙整集中實習訪視記錄表送實習組。

 參 **實習生集中實習後的工作事項**（如圖 5-8）

一、撰寫實習心得、填寫實習機構評量表、彙整實習手冊、繳交實習手冊予實習指導教師評閱。

二、參加實習檢討座談會，檢討實習缺失，分享實習成果。

三、製作、郵寄謝卡：以實習機構為單位，於實習結束一週內郵寄謝卡，感謝實習機構負責人及輔導教師的接納與指導。

四、展示實習成果：實習檢討座談會後，舉辦實習成果展示會，展出實習手冊、實習活動照片及自製教學資源……等資料，提供學妹觀摩、同學互動分享之機會。

　　從集中實習各階段工作可知，集中實習是一項非常繁瑣又重要的工作，需要在實習指導委員會全體成員、實習機構負責人、輔導教師合力規畫、指導下，才能讓實習生體驗專業教保工作人員的實際知能，因此每位幼保科學生更應掌握此難得的機會，用心思考、檢討改進，只有努力認真的學習，統整教保專業知識、能力，才能為未來職業生涯奠定良好的基礎。

參加實習處召開之
實習檢討座談會

繳交各項作業

寄謝函（謝卡）

 圖5-8　集中實習結束實習生重要工作流程

意義	學生於畢業前夕，到校外特約教保實習機構或其他兒福機構，實施爲期二～四週的密集實習
功能	1. 驗證學理，獲得基本教保工作的實際知能 2. 訓練應變能力，培養省思探究與統整能力 3. 培養溝通、表達能力，增進行政處理效能 4. 培養敬業樂群的精神，積極的職業道德觀 5. 陶冶教保工作人員的使命感、職業倫理觀 6. 培養積極主動精神，奠定終身學習及生涯規畫之基礎
內容	1. 教學、保育工作 2. 行政工作
準備工作	1. 實習輔導處工作：確定實習期間、實習機構、實習名額；公布、印製實習相關表冊；召開實習指導委員會；安排實習機構；寄邀請函（卡）；召開實習說明會 2. 實習生工作：領取實習相關表冊；申請實習機構；選小組長；參加實習說明會；聯繫實習機構；草擬實習計畫
注意事項	1. 實習指導教師於集中實習期間應協辦事項：訪視輔導、遠距輔導 2. 實習機構輔導教師於集中實習期間應協辦事項：日常輔導、評量 3. 實習生於集中實習期間應注意事項：教保工作、行政工作、其他（如：遵守規定、寄回實習報到單、完成實習手冊……等）
結束工作	1. 實習輔導處：複核、登錄實習成績；彙整實習表件；籌畫、召開實習檢討座談會；郵寄謝函 2. 實習指導教師：評閱實習手冊；核算總成績；彙整實習機構評量表；參加實習檢討座談會；指導學生布置實習成果展示會場；填寫彙整訪視記錄表 3. 實習生：撰寫實習心得；繳交實習手冊；參加實習檢討座談會；製作、郵寄謝卡；展示實習成果

立即挑戰 評量

一、是非

（　　）1.集中實習一定要在幼兒園（所）進行。

（　　）2.各校可依學生實際需要，實施二～四週的集中實習。

（　　）3.召開實習說明會的主要目的，是把學生介紹給實習機構。

（　　）4.學生於集中實習前，應先與實習機構聯繫實習相關事宜。

（　　）5.集中實習期間，實習生應填寫實習日誌。

（　　）6.集中實習期間，實習指導教師應突擊訪視，較能明瞭實習生實習情況。

（　　）7.集中實習的實習內容以行政為主，教學、保育為輔。

（　　）8.實習生在集中實習期間，為落實實習功能，應隨意翻閱實習機構檔案，並拍照留念。

（　　）9.集中實習計畫是由實習機構輔導教師擬定的。

（　　）10.實習生於實習機構報到後，應在三天內寄回「實習報到單」。

（　　）11.實習生於集中實習期間，應主動與實習班級家長、幼兒保持聯繫，才能順利展開教保實習工作。

（　　）12.實習機構優秀工作人員，應推薦為實習機構輔導教師，為求比較實習生之差異，可一師輔導多位實習生。

（　　）13.實習生於集中實習期間，遇任何不愉快情事，應直接向實習機構負責人或主管反應，以求立即改進。

（　　）14.實習生於集中實習結束，應撰寫實習心得，繳交實習手冊。

（　　）15.實習檢討座談會，是了解實習缺失、成效的座談會。

二、選擇

（　　）1.請依序寫出正確的逐步進階實習進程。①實作②見習③觀摩　(A)②→③→①　(B)①→②→③　(C)③→②→①　(D)③→①→②。

(　) 2. 集中實習期間，實習指導教師可透過下列哪些方式進行遠距輔導？①訪視②電話③電腦④突擊檢查　(A)①②　(B)②③　(C)①③④　(D)①②④。

(　) 3. 下列敘述何者正確？　(A)小組長的工作是為組員填實習申請表　(B)小組長是實習機構與學校間的橋樑　(C)小組長代表學校進行實習考核　(D)小組長負責撰寫整組同學的實習日誌。

(　) 4. 下列敘述何者錯誤？　(A)實習指導教師訪視實習機構前，應先通知實習生　(B)實習指導教師訪視實習機構前，不須通知實習生　(C)訪視後應填寫訪視記錄表　(D)訪視時應至活動室觀察實習生實習情況，並擇機與實習生討論。

(　) 5. 關於實習機構輔導教師的敘述，何者錯誤？　(A)指導實習生擬實習計畫　(B)考核實習生出勤情形　(C)實習生能力不足時予以訕笑　(D)輔導實習生教保事宜。

(　) 6. 關於教保工作實習之敘述，何者錯誤？　(A)教保試教時應穿著緊身衣褲，活動較方便　(B)教保試教前應編寫教保活動設計　(C)依據教保目標，設計幼兒學習活動觀察記錄　(D)教保試教後應與輔導教師討論，並虛心接受指導。

(　) 7. 實習生於集中實習前應領取的表件為何？　(A)實習報到單、實習手冊　(B)實習報到單　(C)實習手冊　(D)邀請函。

(　) 8. 實習生集中實習結束的相關工作為何？①核算實習成績②撰寫實習心得③召開實習檢討座談會④繳交實習手冊⑤製作、郵寄謝卡　(A)②③④⑤　(B)①③④⑤　(C)②③④　(D)②④⑤。

(　) 9. 集中實習結束後多久郵寄謝函較理想？　(A)一週內　(B)二週內　(C)一個月內　(D)一個月後。

(　) 10. 籌畫、召開實習檢討座談會，屬於哪一單位職責？　(A)實習機構負責人　(B)實習機構輔導教師　(C)學校實習指導教師　(D)學校實習輔導處。

一、試述集中實習的功能。

二、簡述集中實習的實習內容。

三、試述召開集中實習說明會的目的。

四、集中實習前實習生的準備工作為何？試述之。

五、集中實習期間實習生應注意事項為何？試述之。

六、試想你若於集中實習期間遭遇人際挫折，你會如何處理？

七、試想你的教保理念若與實習機構輔導教師不同時，你該如何處理？

八、實習生集中實習時，實習班級家長主動親近你，且已受到實習機構輔導教師注目，你會如何處理？

九、當實習生所擬之實習計畫，無法於實習機構依內容、進度進行實習時，該如何處理？

十、如果你是教學情境布置、教具製作高手，實習機構負責人或主管人員請你布置整體環境，導致影響實習進度時，你該如何處理？

評量解答

一、是非

1. （×）　9. （×）
2. （○）　10. （○）
3. （×）　11. （×）
4. （○）　12. （×）
5. （○）　13. （×）
6. （×）　14. （○）
7. （×）　15. （○）
8. （×）

二、選擇

1. （C）　6. （A）
2. （B）　7. （A）
3. （B）　8. （D）
4. （B）　9. （A）
5. （C）　10.（D）

Chapter 6

職業輔導

學習目標

- ◯ 知道生涯發展與生涯規畫之關係
- ◯ 了解生涯規畫的基本要素與模式
- ◯ 能規畫未來三～五年之生涯
- ◯ 做好就業、升學進路準備
- ◯ 建立正確職業道德觀

知己知彼、百戰百勝

　　安經過一連串實際行動經驗的啟示後，猶如脫胎換骨般，如今安隨時保持著彈性、樂觀開朗的心情，並不斷探索有關幼保的一切新事物，她已具備專業幼教工作者基本知能，也體認幼教工作者的責任。

　　安回想起改變的最大動力，就是在剛踏入幼保科時，科主任在座談會上的一席話：「不管學什麼、做什麼事，都應該盡心盡力，因為有投入才能深入，有磨練才能熟練，要多看、多做、多思考，『讓凡經我手必使它更美好』的信念綿延下去，這樣社會才有更美好的明天。」另外，科主任還以美國哲學家兼教育家杜威（J. Dewey）的「做中學」和「教育即生活」，來勉勵大家要努力才有實力，更要不斷參與各種研習活動、座談會，來了解社會現況、就業市場需求，以便適應多元變遷的社會。

　　在即將畢業前夕，安已有明確的方向與使命感，她終於能體會「知己知彼、百戰百勝」的真諦。

 ## 動動腦

　　請思考如何「知己知彼、百戰百勝」。

第一節
生涯發展與生涯規畫

「人生如戲，戲如人生」，可見在人生的舞台上，每個人都持續不斷的扮演著多重角色。生涯就是一個人在生命過程中所扮演角色的總合。雖然每個角色都很重要，但是工作者的角色在每個人的人生旅途中，扮演的時間最久，也較令人費心。接下來我們將探討生涯與職業發展的關係。

 ## 壹 生涯發展

孔子說：「吾十有五而志於學，三十而立，四十而不惑，五十而知天命，六十而耳順，七十而從心所欲，不踰矩。」可見二千五百年前至聖先師孔子已經開始談生涯發展了。

生涯發展理論研究起於一九五○年代，研究之初是以個人主義與發展心理學的學理基礎為主，生涯發展進入有系統研究階段，始自舒伯（Super, E. D., 1990）的職業發展與生涯心理學研究，長期以來經過多位學者的配合研究，才歸納形成近年來的生涯輔導。

一、生涯發展的特性與內涵

㈠生涯發展的特性

生涯發展與個體一生的發展有密切的關係，它並不是只侷限於對工作或職業的探討，而是個體一生一連串發展歷程的探討，因此生涯發展具有下列七特性：

1. 個別性：每個人在生涯發展過程中所得到的經驗，會表現出獨特的生活方式、態度與價值觀，隨著年齡的增長，會逐漸形成獨特的職業價值觀，可見生涯發展可以適應每個人個別差異的需求。

2. 終生性：生涯發展是個體一生連續不斷的動態過程。

3. 發展性：生涯發展是個體不斷與外在環境、事物交互作用，並具有協助個體成長發展的循序漸進過程。

4. 綜合性：生涯發展包含個體在家庭、學校、社會中，與工作有關的各種學習和活動經驗。

5. 具體性：生涯發展是個體自我認識、掌握現在、規畫未來的具體工作。

6. 適應性：生涯發展是個體配合外在環境需求，適應現代社會發展的過程。

7. 評鑑性：生涯發展過程應隨時接受評鑑、檢討改進，以實現目標。

(二)生涯發展的內涵

高職學生生涯發展的內涵，就個人、學校兩方面敘述如下：

1. 個人方面：不斷學習獲得更多知識與技能，建立良好人際關係，認識自我、自我成長與自我實現。

2. 學校方面：提供多元學習教材，協助與指導學生發展多重生涯路徑，建立正確職業價值觀。

從發展心理學的觀點，我們知道個體在每個生長階段，都有不同的發展任務。高職學生正處於自我定位模糊、價值觀念混淆的時期，因此教師應透過多元管道，協助學生自我探索、省思，來認識自我，建立正確的價值觀，讓學生具備生涯覺知與生涯規畫能力，才是此階段最重要的課題。請參考高職幼保科學生生涯路徑，來輔導學生進行生涯規畫（如表6-1）。

表 6-1 高職幼保科學生生涯路徑

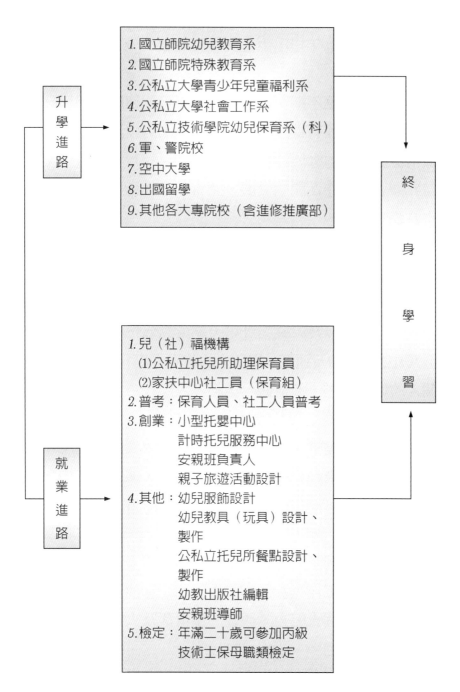

升學進路
1. 國立師院幼兒教育系
2. 國立師院特殊教育系
3. 公私立大學青少年兒童福利系
4. 公私立大學社會工作系
5. 公私立技術學院幼兒保育系（科）
6. 軍、警院校
7. 空中大學
8. 出國留學
9. 其他各大專院校（含進修推廣部）

就業進路
1. 兒（社）福機構
　(1)公私立托兒所助理保育員
　(2)家扶中心社工員（保育組）
2. 普考：保育人員、社工人員普考
3. 創業：小型托嬰中心
　　　　　計時托兒服務中心
　　　　　安親班負責人
　　　　　親子旅遊活動設計
4. 其他：幼兒服飾設計
　　　　　幼兒教具（玩具）設計、
　　　　　製作
　　　　　公私立托兒所餐點設計、
　　　　　製作
　　　　　幼教出版社編輯
　　　　　安親班導師
5. 檢定：年滿二十歲可參加丙級
　　　　　技術士保母職類檢定

終身學習

6 職業輔導

註：依兒童福利專業人員資格要點規定，高職幼保科畢業生具備托兒所助理保育人
　　員資格，專科以上學校幼保科或相關科系畢業者具備托兒所保育人員資格。

二、舒伯的生涯發展論

　　舒伯於一九五七年提出生涯與職業發展的十二項基本主張如下（楊朝祥，1989）：

㈠職業是一種連續不斷、循序漸進且不可逆轉的過程。

㈡職業發展是一種有秩序、有固定型態、可以預測的過程。

㈢職業發展是一種動態的過程。

㈣自我觀念在青春期開始發展，至青年期逐漸明朗，於成年期轉化為職業概念。

㈤從青少年至成人期，隨著時間及年齡增長，人格特質、社會……等現實因素，會影響個人職業的選擇。

㈥對父母的認同與否，會影響個人正確角色的發展和各角色間的一致及協調，以及對職業計畫及結果的解釋。

㈦職業升遷的方向及速度，與個人的聰明才智，父母的社經地位，個人的地位需求、價值觀、興趣、人際技巧及經濟社會中的供需情況有關。

㈧個人的興趣、需求、價值觀、學歷、社會資源的利用、對父母的認同，和所處社會的職業結構、趨勢、態度等，均會影響個人職業的選擇。

㈨雖每種職業均要求特定能力、興趣、人格特質，但卻頗具彈性，以致能允許不同類型的人從事相同的職業，或讓一個人從事多種不同類型的工作。

㈩工作滿意度視個人能力、興趣、價值觀及人格特質能否於工作中適當發揮而定。

㈠工作滿意度與個人在工作中實現自我觀念的程度有關。

㈡對大部分人而言，工作及職業是個人人格統整的重心。不過也有少數人認為，只有社會活動及家庭，才是人格統整的中心。

綜合上述十二項基本主張發現，生涯與職業發展可歸納出以下三點：

(一)生涯與職業發展是連續性、階段性的過程。

(二)生涯與職業發展自童年開始萌芽，隨著年齡增長，個人的興趣、需求、價值觀及人格特質、社會因素……等現實因素，會讓個體逐漸形成自我概念，而影響職業的選擇。

(三)在生涯與職業發展的循序漸進過程，父母親的社經地位及對父母的認同，也會影響個人對職業的看法與職業選擇。

貳 生涯規畫

一、生涯規畫的意義

生涯規畫是個體一生中立身行事、經營事業、奮鬥不懈的指標。換句話說，生涯規畫是對自我未來的一種規畫，即擬訂人生的具體發展目標、有計畫的執行或修訂目標，來成就圓滿的人生。

二、生涯規畫的基本要素

生涯規畫應依據自己的能力、興趣、價值觀……等因素，配合職場需求、了解職業發展、選擇適當角色，並於事前做好充分的準備工作，才能表現適切的角色行為。接著說明生涯規畫的五大基本要素。

(一)知己：是指了解自己的特性（即個人的內在世界），即了解自己的能力、興趣、價值觀、性向及人格特質。

(二)知彼：是指了解工作世界的特性（即外在的工作世界），包括

職業的特性、職場能力需求、工作內容、薪資、福利、發展前景……等。

(三)抉擇：是作決定之意，抉擇前應分析自我價值觀、需求與期待，分析風險、阻力，並確定自己要完成何種目標再做決定。

(四)訂定目標：抉擇後訂定具體的行動目標。

(五)行動：採取積極行動策略，達成生涯規畫目標（如圖 6-1）。

 ## 參 生涯發展與生涯規畫

每個人的生涯發展過程均不同，生涯規畫的目標也就有所不同，史萬（Swain, 1989；引自洪鳳儀，民 89，p.56）將複雜的生涯理論，以簡單、明瞭的圖形呈現生涯發展與規畫的重點，讓生涯規畫有架構可循（如圖 6-2）。茲將此生涯規畫模式說明於下：

圓形是生涯規畫的核心，是個體想達成的生涯目標；個體在設定生涯目標時，會受到外圍三個小三角形的影響。每個小三角形都有不同的內涵，其內涵如下：

(一)「我」的小三角形：指生涯規畫時會受到自己的能力與性向、興趣與需求、價值觀等因素影響。

(二)「我與環境關係」的小三角形：指生涯規畫時會有助力或阻力，並受到家庭因素，比如：對父母的認同、父母的教養態度、社經地位……等家庭因素，及社會經濟因素所影響。

(三)「教育與職業資訊」的小三角形：指生涯規畫時會受到所接觸的外在環境、事物所影響，如參觀訪問、演講座談或閱讀文書資料等因素影響。

生涯規畫的目的是突破內在、外在的阻力，開發潛能、自我實現；因此當個體在生涯規畫面臨取捨掙扎時，最怕的就是做錯誤的

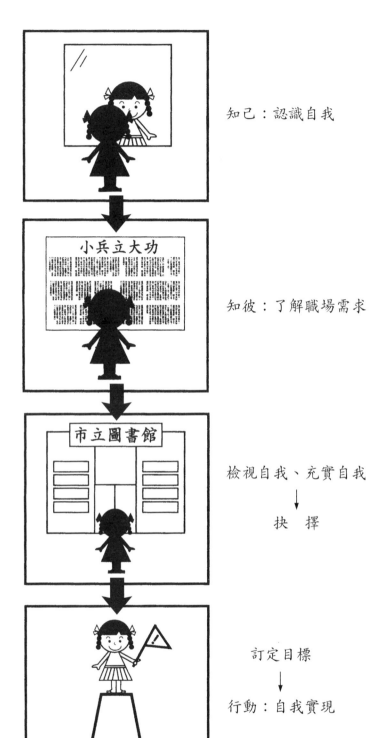

知己：認識自我

知彼：了解職場需求

檢視自我、充實自我
↓
抉　擇

訂定目標
↓
行動：自我實現

 圖6-1　生涯規畫流程

推論與判斷。建議在生涯決定前，一定要依據生涯規畫模式，先分析上述種種因素，並秉持「天生我才必有用」、「條條道路通羅馬」的信念，讓自己找到合適的舞台，盡興演好自己的角色。切記生涯規畫不是夢想，是實現，而「選擇我所愛，愛我所選擇」是其最終目的（如圖 6-3）。

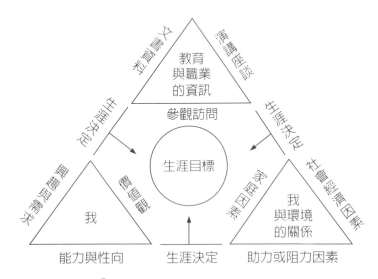

圖 6-2　生涯規畫的模式

修改自：洪鳳儀（民 89），生涯規劃，p.54（取自 Swain, 1989）

圖 6-3　生涯規畫要恰如其分演好自己的角色

第二節

職前講習

　　高職學生在學習與就業相關的基本專業知能後，為配合時代潮流，掌握社會脈動，來因應自我的生涯發展，實習輔導處就業組會配合實習輔導教師進行職前講習。職前講習是就業前的教育訓練，透過教育與訓練，可促進學生自我成長與發展，增進生活知能與工作職能，進而落實終身學習的理想。

　　《我國邁向學習社會白皮書》（教育部，民87）指出，聯合國教科文組織所出版的《學習：內在的財富》（*Learning: the treasure within*）（UNESCO, 1996）一書中，明確指出：「終身教育概念是人類進入二十一世紀的一把鑰匙」、「終身教育將居於未來社會的中心位置」，並說明未來人類要能適應社會變遷的需要，必須進行四種基本的學習，此四種基本學習是教育的支柱，茲簡述如下：

學會認知（learning to know）

為因應科技進步、經濟發展、社會變遷所帶來的迅速變革，每個人必須具有廣博的知識。欲具有廣博的知識，個人就要終身學習，才能深入了解問題，進而解決問題。

學會做事（learning to do）

指除了學習職業知能外，還要學習應付各種情況和共同工作的能力，即在學習活動中進行學理驗證的實際操作學習，指能從操作活動中同時學習處理人際關係、合作態度、解決問題的能力與創造革新、勇於冒險的精神。

學會共同生活（learning to live together）

在沒有國界的地球村，人類相互依存性愈深，學習尊重多元，以理性、和平的方式解決衝突，學會與他人和睦相處、共同

生活的能力，來共同面對未來的各種挑戰，是現代人必備的能力。

學會發展（learning to be）

持續不斷的全方位學習，展現天賦潛能，才能實踐自我的人生目標。

「學海無涯」，若每個人都能秉持「處處學習、物物學習、事事學習」的學習態度，了解跨國際的競爭能力，努力學習廣博的知識，學習如何與他人和平共處，學習動手做，培養海闊天空的創新能力，進而自我實現，相信大家就能擁有豐碩美好的人生（請參考附錄 2：幼保科學生閱讀參考書目一覽表）。

🔶 壹 🔶 職前講習的功能

職前講習是為協助高職學生對自己、工作世界進行檢視與了解，以便順利展開生涯發展，因此職前講習具有下列功能：

一、認識自我能力、興趣

職前講習時，可安排「優點轟炸」活動認識自我（優點轟炸玩法：請「甲」同學上台，讓全體同學說出「甲」同學的優點），更可藉著各種相關測驗及討論、思考，進行自我澄清，能了解自己的能力、興趣。

二、認識工作世界，了解職場現況與需求

「就業輔導講座」、「職場現況座談會」，或「托育公聽會」

……等活動，能讓學生認識工作內容，了解職場現況與需求。

三、了解與完成就業準備

職前講習應包含就業準備內容，讓學生清楚了解就業應準備事項，協助學生完成就業準備。

四、建立正確職業道德觀

藉職業道德宣導海報、短文、小人物成功的故事，建立職業無貴賤、行行出狀元，飲水能思源、共創新樂園的正確職業道德觀。

五、培養敬業樂群的精神

面對多元、精密分工的複雜多變時代，「腳踏實地」、「敬業樂群」是獲得職業聲望的法寶。職前講習可安排職場成功人士現身說法，讓學生了解敬業樂群的真諦與重要性，進而培養敬業樂群的精神。

六、奠定終身學習與生涯規畫的基礎

職前講習後，學生已深入了解社會多變，及就業市場需求，經過學生自我審慎評估與檢討，就能明確知道自我缺乏之能力，此時若學校相關教師能分析、引導學生省思探究的學習態度，定能奠定終身學習與生涯規畫的基礎。

貳 職前講習的內容與注意事項

為落實職前講習功能，茲將職前講習內容與注意事項分認識自我、認識工作世界，與就業輔導三大項說明如下：

一、認識自我

讓學生了解自我的能力、興趣，是規畫生涯進路首要工作，因為個體衡量自己真正的能力、了解自己的興趣後，才能為自己規畫適性的生涯。接著我們將建議探究自我能力、興趣的方法，以便讓學生從事教保生涯規畫。

㈠能力：分專業能力與一般能力兩種。

1. 專業能力：指從事某種職業（如：教保工作）應具備之特殊能力，請參考保育人員能力目錄（如表6-2）、社工人員能力目錄（如表6-3）進行自我檢核，若個體具備每大項能力目錄的二分之一能力，即表示可以嘗試透過在職進修方式勝任該項工作。

2. 一般能力：指不管從事任何行業都應具備之工作能力，如：語文能力（包含口語表達能力、外語能力、溝通能力……等）、電腦操作能力（如文書處理、網頁製作、資料查詢……等）、與他人相處能力、行政處理能力……等。

表 6-2　職種：保育人員（助理保育人員）能力目錄

工作描述：托兒所保育、教學、行政等基礎能力，從事教學活動設計、幼兒生活輔
　　　　　導、餐點設計、舉辦親職活動等相關行政工作。

一、了解嬰幼兒發展與保育，具備保育能力	1-1 嬰幼兒發展與保育概論素養	1-2 嬰幼兒教保概論素養	1-3 兒童福利概論素養	1-4 嬰幼兒行為觀察與輔導技能
	1-5 嬰幼兒健康照顧能力	1-6 溝通理論與實務、嬰幼兒衛生安全教育	1-7 親職教育理論與實務素養	
二、教保活動設計能力與實務	2-1 教保活動設計能力	2-2 教保活動設計能力	2-3 幼兒造型、幼兒科學活動設計	2-4 全語文活動、說故事能力
	2-5 幼兒遊戲、幼兒音樂活動設計	2-6 設計教保活動評量能力	2-7 模擬教學能力、帶領活動技巧	2-8 教具設計製作與應用能力
	2-9 教保情境設計與布置能力	2-10 觀察記錄、分析學習活動能力	2-11 判斷力、創造力	2-12 教保模式探索與應用
三、教保實務	3-1 嬰幼兒生活照顧與輔導能力	3-2 嬰幼兒溝通能力（口語化）	3-3 教保情境經營管理能力	3-4 幼童專用車相關知能及接送常識
	3-5 設計遊戲活動來統整課程之能力	3-6 實地教學能力、班級經營技能	3-7 解決各項教保問題能力	3-8 處理意外事件能力
	3-9 與家長溝通技巧語文表達能力	3-10 良好親師合作關係	3-11 演出兒童劇、分享	3-12 省思、探究、統整理論與實務
四、教保行政	4-1 教保行政概論素養	4-2 規畫、承辦親職活動能力	4-3 規畫、承辦各項教保活動能力	4-4 家庭訪問、電話聯繫之能力
	4-5 與同事配合、協調能力	4-6 文書處理（通知單、公文……等）	4-7 財務管理能力	4-8 招生、宣傳
	4-9 教育理念溝通與宣導	4-10 臨機應變能力		
五、專業素養	5-1 職業道德與倫理概論	5-2 具親切感、親和力、敏感度	5-3 積極傾聽技巧	5-4 善用鼓勵與讚美技巧
	5-5 具溝通、協調及與他人相處能力	5-6 良好工作價值觀	5-7 正確的職業道德價值觀	
六、其他	6-1 人類與環境	6-2 消費與生活 法律與生活	6-3 兩性教育、生命教育	6-4 電腦應用
	6-5 電腦網路應用	6-6 福祿貝爾理論與實務	6-7 蒙特梭利教育理論與實務	6-8 餐點設計與實務能力
	6-9 兒童文學、戲劇	6-10 兒歌、童詩創作	6-11 童話故事創作、圖畫故事創作	6-12 兒童劇編劇、演出能力
	6-13 生涯規畫與執行	6-14 探究教保理論與實務興趣		

職業輔導

表 6-3　職種：社工人員（家庭扶助中心）能力目錄

工作描述：嬰幼兒保育、特殊兒童輔導、課後輔導、青少年社會服務、寄養家庭輔導、舉辦親職活動……等相關行政工作。

一、了解嬰幼兒發展與保育，具備保育能力	1-1 嬰幼兒發展與保育概論素養	1-2 嬰幼兒生活照顧與輔導能力	1-3 嬰幼兒健康照護能力	1-4 嬰幼兒行為觀察與輔導知能
	1-5 嬰幼兒衛生安全教育知能	1-6 語文表達能力、溝通理論與實務	1-7 親職教育理論與實務	
二、活動設計能力與實務	2-1 保育活動設計概論、能力	2-2 幼兒遊戲活動設計	2-3 說故事能力	2-4 課業輔導設計能力
	2-5 設計各項公益活動能力	2-6 保母人員研習活動策畫	2-7 寄養家庭聯誼活動策畫	2-8 婦幼衛生活動規畫能力
	2-9 優生保健相關活動策畫	2-10 社區服務活動設計能力	2-11 親職教育活動策畫、執行	2-12 省思、探究各項活動能力
三、法令常識	3-1 認識兒童福利法	3-2 認識特殊教育法	3-3 民法與家庭關係素養	3-4 了解家庭暴力防治法
	3-5 認識青少年觀護	3-6 受虐兒保護、疏忽兒通報輔導	3-7 性侵害防治	
四、輔導	4-1 課後輔導能力	4-2 特殊兒童輔導素養	4-3 殘障兒童重建素養	4-4 受虐兒安置照顧
	4-5 寄養家庭輔導知能	4-6 單親家庭輔導知能	4-7 家庭訪問能力	4-8 家庭問題協談、家庭成員溝通
	4-9 青少年犯罪預防青少年照護	4-10 特殊兒童心理與教育	4-11 判斷力、創造力	4-12 轉介、追蹤
五、專業素養	5-1 職業道德與倫理概論	5-2 具親切感、親和力、敏感度	5-3 積極傾聽技巧	5-4 善用鼓勵與讚美技巧
	5-5 具溝通、協調及與他人相處能力	5-6 良好工作價值觀	5-7 正確的職業道德價值觀	
六、行政	6-1 與同事配合、協調能力	6-2 文書處理（通知單、公文…等）	6-3 財務管理能力	6-4 承辦各項公益活動能力
七、其他	7-1 認識人類與環境關係	7-2 消費與生活法律與生活	7-3 兩性教育、生命教育	7-4 電腦應用
	7-5 電腦網路應用	7-6 餐點設計與實務	7-7 生涯規畫與執行能力	

教保實務
II

(二)興趣：選擇適合自己興趣與專長的職業，較能收事半功倍之效。

以下介紹中學階段可選用之興趣、性向測驗：

1. 賴氏人格測驗

　　(1)編製者：賴保禎

　　(2)適用對象：12 歲至 21 歲

　　(3)用途：生活輔導、升學輔導、職業輔導之參考

　　(4)內容：探討活動性、領導性、社會外向、思考外向、安閒性、客觀性、協調性、攻擊性、抑鬱性、變異性、自卑感、神經質等十二個向度，再分成內外向性格、社會適應性、情緒穩定度等三個因素。

2. 中學職前性向測驗

　　(1)編製者：林世華、章舜雯、劉雅惠

　　(2)適用對象：中學階段

　　(3)用途：了解國中技藝教育生的職業性向

　　(4)內容：參考通用性向測驗的認知因素、知覺因素、心理動作因素外，另增機械因素的一百二十題職業性向測驗。

3. 中學多元性向測驗

　　(1)編製者：毛國楠、盧雪梅

　　(2)適用對象：中學階段

　　(3)用途：了解學業性向、認識自我能力，以選擇適宜的進路

　　(4)內容：有語文推理、數學能力、機械推理、空間關係、抽象推理、字詞釋義、文法修辭、知覺速度與準確度等八項分測驗。

　　性向測驗的結果是協助學生了解興趣與專長的參考，可作為進路輔導之依據。

二、認識工作世界

認識工作世界，最直接的方法就是搜集與就業職場相關的情報，了解職場情報的方法如下：

㈠刊物：閱讀與就業職場相關的書報雜誌，如：《技職教育月刊》、《青輔會的求才專刊》、《學前教育月刊》、《幼教資訊季刊》，及各師院幼兒教育年刊、各類型兒童福利機構簡介、招生簡章……等。

㈡電腦網路：透過網路查詢幼兒教育相關網站，可迅速獲得就業相關資訊。

㈢參加校園徵才說明會或各類型兒童福利機構簡介座談會。

㈣實地參觀訪問各類型兒童福利機構：學校可舉辦兒童福利機構參觀旅行活動，藉著實地直接訪問、座談，來了解就業職場現況。

㈤舉辦短期研習活動：邀請各類型兒童福利機構主管人員，蒞校說明就業職場現況及人力需求。

㈥假期實習：利用假期到各兒童福利機構實地實習，是了解職場最直接的方法。提醒你慎選實習機構，以免成為幼兒教育的逃兵。

充分了解工作世界，是設定可行生涯目標的基礎；選擇符合自己能力、興趣的工作場所，順利開展自己的生涯，是高職教育的目標之一。

三、就業輔導

行政院主計處（91年7月）公布，台灣地區人力資源調查統計

發現，各類學歷者（小學至研究所）九十一年上半年平均失業率為 5.09％，其中大專及以上學歷失業率達 4.02％，顯見「高學歷，高失業率」的情況；單一專長已不敷職場所需，發展第二、第三專長已經成為趨勢，終身學習才能讓我們更有彈性地面對未來挑戰。因此就業輔導就是輔導學生不斷充實自我能力，建立正確職業道德觀，做好就業準備，以奠定終身學習及生涯規畫之基礎。茲將就業輔導內容分述如下：

㈠舉辦各項職前講習，不斷充實學生能力，奠定終身學習之基礎

在「知識爆炸」多變的世界，我們應引導學生因應，以獲得維持工作的能力。未來職場是實力掛帥、能力導向，因此唯有透過不斷的學習、充實基本技能、強化專業知能及相關知識、具備管理能力……等多重角色的工作附加價值，才能開創美好的人生。

故高職實習處就業輔導組應配合實習指導教師，舉辦各類型職前講習，如：領導才能研習、人際相處技巧研習、溝通技巧研習或成長團體、電腦操作與應用……等充實基本工作技能和具備多重角色的研習活動；另外，還應舉辦配合世界教育潮流的教保模式研習、班級經營技巧研習……等，來強化學生專業知能。

總之，不斷學習是培養學生多元能力的最佳途徑，也只有不斷的終身學習，才能超越自我，有活力、有創意，積極樂觀的面對人生各項挑戰。

㈡設計多樣活動，建立正確職業道德觀

1. 舉辦職業道德宣導活動海報比賽及成果分享（如圖 6-4，圖 6-5）。

2. 舉辦職業道德短文、剪報分享與討論活動。

3. 觀賞影帶，閱讀書籍、雜誌，討論教育工作者的職業倫理與道德觀（請參考附錄 4：教職人員服務信條）。

4.邀請各兒童福利機構工作人員，說明各職場工作現況，讓學
　生了解教保工作人員的使命。

　　「職業無貴賤」、「行行出狀元」，「敬業樂群」是正確
的職業道德觀，在職場中能恰如其分的扮演自己角色，充分發
揮才能，能夠獲得合理的報酬，尊重別人也得到別人的尊重，
這就是理想的職業。

　圖 6-4　職業道德宣導活動

  圖6-5 職業道德宣導海報

㈢就業準備（如圖 6-6）

1. 請學生列出各兒童福利機構、不同教保模式職場應具備之基本專業知能條件。

2. 請學生逐一列出自己的工作能力與興趣、專長。

3. 備妥履歷表、自傳、學歷證件、成績證明、檢定合格證書、作品、獎狀、師長推薦函……等文件。

4. 模擬面試：面談是求職的第一次直接接觸，也是最持久的第一印象，以下提供面試須知：

   ⑴不遲到，不帶親朋好友一同面試，可減少分心與壓力。

   ⑵面帶微笑，眼神真誠自然地看著對方。

   ⑶態度端莊自然，不到處走動，以免干擾他人。

   ⑷語調溫和，表達內容簡明清晰，不談與工作無關之事。

   ⑸勿深入談論其他問題（如：新聞事件、政治議題……等問題），以免引發爭端。

   ⑹不以艱深難懂字眼與主試者對話。

   ⑺不要主動詢問薪資待遇等問題。

   ⑻充滿自信，但不能自傲、自大。

   ⑼講求整齊清潔的穿著，能予人舒適專業之感。

   ⑽面試後應寄一封表達謝意與傳達教育熱誠的信件或卡片，感謝主試者。

5. 準備就業：收到錄取通知後，應立即開始為兒童福利機構的第一天及整個學年進行準備工作。

職場成功的關鍵是擁有工作能力及良好工作態度，因此身心保持最佳狀態，有效運用專業知能，主動積極投入各項工作，負責任，重視團隊合作，充分掌握社會脈動，擁有豐富多元的能力，就能成為一位成功的教育工作者。

寄履歷表、自傳、
學經歷證件……
等相關文件

模擬面試

準備就業
加強充實自我
↓
工作計畫
↓
就　　業

 圖 6-6　就業輔導重要工作流程

第三節

就業聯繫

就業聯繫指選擇就業生涯進路的高職畢業生，應隨時與學校實習處就業輔導組、實習指導教師保持聯繫之意，其可繼續進行就業輔導，達成開創自我、實現自我之功能。就業聯繫方式有下列五種：

一、聯絡網聯繫

學生依據自己喜好，與若干好友結合成一聯絡網，互推主要連絡人一位，負責與學校就業輔導組連繫，讓學校能隨時掌握學生就業概況，聯絡網（如圖 6-7）實習處就業輔導組也可主動與主要連絡人（小組長）連繫，提供新的就業資訊給其他組員。

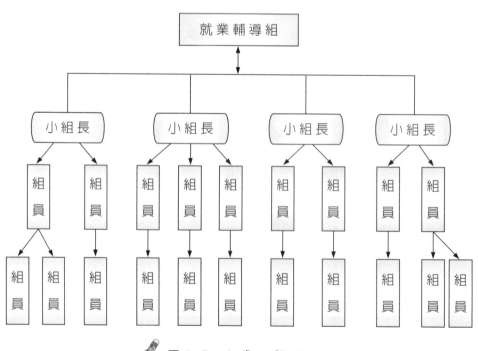

圖 6-7　就業聯繫連絡網

二、通訊聯繫

畢業生主動與就業輔導組通訊聯繫就業概況,讓就業輔導組能適時提供適當就業訊息。通訊聯繫方式為電話聯繫、信件聯繫、郵寄就業卡等。

三、校友會聯繫

透過定期召開之校友會,正確掌握畢業生就業概況,提供最新就業訊息及其他相關資訊。

四、刊物聯繫

實習處就業輔導組定期出版「就業快訊」,透過「就業新知」、「徵才訊息」、「職場現況報導」……等單元,讓畢業生了解職場現況與人力需求情形,發揮就業輔導功能。

五、網路聯繫

透過電腦網路電子報、電子徵才信箱,報導求才快訊、職場新知及其他相關資訊;畢業生亦可藉電子郵件詢問就業相關問題。網路聯繫是一種最便捷快速的就業聯繫方式。

綜合上述,就業聯繫一方面讓學校充分掌握畢業生就業動向,協助學生解決就業困境;另一方面則讓學生透過就業聯繫,來了解就業市場最新動態,進而明確知道自我進修方向,以順應社會變遷之衝擊。總之,協助學生擁有一份勝任愉快的工作,促其實現人生的理想與抱負,是職業輔導的主要任務。

生涯發展特性	1. 個別性：隨年齡增長，逐漸形成獨特的職業價值觀 2. 終生性：個體一生連續不斷的動態過程 3. 發展性：具協助個體成長發展的循序漸進過程 4. 綜合性：其包含個體在家庭、學校、社會中，與工作有關的各種學習和活動經驗 5. 具體性：是個體自我認識、掌握現在、規畫未來的具體工作 6. 適應性：是個體配合外在環境需求，適應現代社會發展的過程 7. 評鑑性：過程應隨時接受評鑑、檢討改進，以實現目標
生涯發展內涵	1. 個人：不斷學習獲得更多知識與技能，建立良好人際關係，認識自我、自我成長與自我實現 2. 學校：提供多元學習教材，協助與指導學生發展多重生涯路徑，建立正確職業價值觀
生涯與職業發展	1. 是連續性、階段性的過程 2. 自童年開始萌芽，隨著年齡增長，個人的興趣、需求、價值觀及人格特質、社會因素……等現實因素會讓個體逐漸形成自我概念，進而影響職業的選擇 3. 父母親的社經地位及對父母的認同，會影響職業選擇
生涯規畫意義	是個體擬訂人生的具體發展目標，有計畫的執行或修訂目標，來成就圓滿的人生
生涯規畫基本要素	1. 知己：了解自己特性、能力、興趣、價值觀、性向及人格特質 2. 知彼：了解工作世界的特性 3. 抉擇：做決定 4. 訂定目標：訂具體行動目標 5. 行動：採積極行動策略，達成生涯規畫目標

（下頁續）

（續上頁）

生涯規畫模式	1. 我：生涯規畫時會受到自己能力、性向、興趣與需求、價值觀影響 2. 我與環境：生涯規畫時會受到家庭因素、社會經濟因素所影響 3. 教育與職業資訊：生涯規畫時會受到外在環境、事物所影響
職前講習意義	就業前的教育訓練，促進學生自我成長與發展，增進生活知能與工作職能
職前講習內涵	終身學習是未來趨勢，為適應社會變遷，應進行四種基本學習：學會認知、學會做事、學會共同生活、學會發展
職前講習功能	1. 認識自我能力、興趣 2. 認識工作世界，了解職場現況與需求 3. 了解與完成就業準備 4. 建立正確職業道德觀 5. 培養敬業樂群的精神 6. 奠定終身學習與生涯規畫的基礎
職前講習內容	1. 認識自我：能力（分專業能力、一般能力兩種）、興趣 2. 認識工作世界：刊物、電腦網路、徵才說明會、座談會、實地參觀、參加短期研習、假期實習 3. 就業輔導：職前講習、建立正確職業道德觀、就業準備（檢視自我能力，備履歷表、自傳、學經歷證件……等文件）、模擬面試、準備就業
就業聯繫方式	1. 聯絡網聯繫 2. 通訊聯繫 3. 校友會聯繫 4. 刊物聯繫 5. 網路聯繫

6

職業輔導

一、是非

(　　) 1. 生涯發展自舒伯開始進入有系統的研究。

(　　) 2. 生涯發展是個體一生連續不斷的動態過程。

(　　) 3. 生涯發展是個體認識自我、規畫未來的抽象工作。

(　　) 4. 職業是一種連續不斷、循序漸進的不可逆轉過程。

(　　) 5. 個體的能力、性向、人格特質與職業選擇無關。

(　　) 6. 高職教師應協助指導學生發展多重生涯路徑，建立正確
職業價值觀。

(　　) 7. 生涯規畫是對自我目前生活的一種規畫。

(　　) 8. 生涯規畫時，最怕個體錯誤的推論與判斷。

(　　) 9. 認識工作世界，最直接的方法就是搜集與就業職場相關
的情報。

(　　) 10. 職場成功的關鍵是擁有工作能力及良好工作態度。

二、選擇

(　　) 1. 生涯發展包含下列哪些特性？①終生性②綜合性③統整
性④評鑑性⑤個別性　(A)①②③④　(B)①②④⑤　(C)②
③④⑤　(D)①③④⑤。

(　　) 2. 下列哪些因素，會影響職業選擇？①價值觀②對父母的
認同③人格特質④社會因素⑤興趣　(A)①②③④⑤　(B)
①②③⑤　(C)①②④⑤　(D)②③④⑤。

(　　) 3. 生涯規畫的五大基本要素為何？　(A)知己、知彼、目
標、價值觀、實現　(B)知己、知彼、行動、計畫、實現
(C)知己、知彼、抉擇、目標、行動　(D)知己、知彼、抉
擇、行動、實現。

(　　) 4. 關於生涯規畫的敘述，何者錯誤？　(A)生涯規畫不是夢
想，是實現　(B)選擇我所愛，愛我所選擇，是生涯規畫
的最終目的　(C)個體的生涯發展會影響生涯規畫目標
(D)生涯規畫是夢想，不須太認真規畫。

( ) 5.人類要適應未來社會變遷需要，應進行下列哪些學習？
①學會做事②學會說話③學會認知④學會發展⑤學會共
同生活　(A)①②③④　(B)①②④⑤　(C)①③④⑤　(D)②
③④⑤。

( ) 6.下列何者非為職前講習的功能？　(A)認識自我能力、興
趣　(B)學習專業教保知能　(C)建立正確職業道德觀　(D)
了解與完成就業準備。

( ) 7.職前講習內容為何者？①認識自我②就業輔導③就業聯
繫④認識工作世界　(A)①②③④　(B)①②④　(C)②③④
(D)①③④。

( ) 8.下列何者為未來從事任何行業都應具備之一般能力？①
語文②電腦③與他人相處④美勞　(A)①②③　(B)①②④
(C)②③④　(D)①②③④。

( ) 9.下列哪些刊物較能協助幼保科學生認識工作世界？①幼
教資訊②商業周刊③學前教育月刊④音響雜誌⑤幼兒教
育年刊　(A)①②③④⑤　(B)①③④⑤　(C)①②③⑤　(D)
①③⑤。

( ) 10.下列何者為最便捷快速的就業聯繫方式？　(A)通訊聯繫
(B)校友會聯繫　(C)網路聯繫　(D)聯絡網聯繫。

時間到！

一、何謂生涯發展？試述之。

二、生涯發展特性為何？試述之。

三、試述高職學生生涯發展的內涵。

四、簡述舒伯的生涯發展論。

五、試述生涯規畫的意義。

六、生涯規畫的基本要素為何？

七、試以史萬的生涯規畫模式架構，進行自我生涯規畫。

八、何謂終身學習？為適應未來社會變遷，應進行哪些基本學習活動？試簡述之。

九、試述職前講習的意義與功能。

十、試述認識工作世界的途徑。

十一、試設計「建立正確職業道德觀」的活動。

十二、試述面試須知。

十三、簡述就業聯繫的方式。

十四、試寫出五項自己的專業能力、興趣。

十五、試述自己最值得向他人推薦的一般能力。

十六、請依本章規則，為自己未來三～五年擬定一份中程生涯規畫表。

評量解答

一、是非

1.（○）　6.（○）
2.（○）　7.（×）
3.（×）　8.（○）
4.（○）　9.（○）
5.（×）　10.（○）

二、選擇

1.（B）　6.（B）
2.（A）　7.（B）
3.（C）　8.（A）
4.（D）　9.（D）
5.（C）　10.（C）

心得筆記欄

教保實務
II

附　錄

教保實務
II

（校名）幼保科學生校外實習特約實習機構合約

立合約單位　（校名）幼保科學生（以下簡稱甲方）　在職業
　　　　　　　（以下簡稱乙方）

教育相關法令規定下，約定為學生校外實習特約實習機構，經雙方同意訂立合約如下：

一、乙方同意甲方，於學生校外實習期間，提供幼保相關知能訓練（詳如教保實務課程大綱），並派專人負責監督指導。

二、實習期間甲方生活作息，應遵照乙方規定，並接受乙方督導，違者依校規處理。

三、實習期間甲方應依乙方規定設計教學活動、製作教學媒體、撰寫實習報告，由乙方派專人負責指導，並考核實習成果，於實習結束時將實習成績送交學校實習組。

四、實習期間由乙方免費提供甲方伙食，並由乙方辦理壹佰萬元意外傷害險，保費分擔依勞基法規定辦理。

五、本合約如有未盡事宜，應依本校「實習輔導計畫」、「實習實施要點」等相關規定辦理。

六、本合約自簽約日起生效，合約效力僅及甲方實習期間，甲乙雙方如因故無法繼續合作，得終止契約。

　　　　　　　　　合約單位

　　　　　　　　　甲方：

　　　　　　　　　簽約人：

　　　　　　　　　乙方：

　　　　　　　　　簽約人：

　中華民國　　　年　　　月　　　日

附錄

幼保科學生閱讀參考書目一覽表

親愛的同學：

　　喜歡閱讀，可以豐富我們的知識與內涵，進而可以增加解決問題的能力，現在就讓我們一起來看書，建立一個書香校園吧！

科　目	書　名	作　者	出版社
幼兒教保概論	愛彌兒	盧梭	五南
	尼爾的夏山學校	李園會	五南
	幼兒保育概論	施素筠　譯	心理
	幼兒教育史	翁麗芳	心理
	幼兒教育之父—福祿貝爾	李園會	心理
	孩子說的故事	黃孟嬌　譯	光佑文化
	窗邊的小荳荳	朱曉蘭　譯	可筑書房
	成長在夏山	元良江	遠流
	愛的教育	Edmondo De Amicis	希代
	蒙特梭利與幼兒教育	許惠欣	光華女中
嬰幼兒發展與保育	所有的狗都是男生	佳美老師、家長合著	光佑文化
	蕭瑟的童顏	Dr. David Elkind	光佑文化
	兒童心理學	赫洛克原著	桂冠
	夢中小屋的醫學	雪山圖書編輯組	雪山
	嬰兒潛能開發法	蘇珊、魯汀頓	世茂
	兒童發展	王鐘和編譯	大洋
	專業的嬰幼兒照顧者	楊婷舒	心理
	幼兒發展評量與輔導	王珮玲	心理
	嬰幼兒特殊教育	柯平順	心理
	幼兒繪畫心理分析與輔導	范瓊方	心理
	感覺整合與兒童發展	羅鈞令	心理
	兒童的一百種語文	連英式　譯	心理
	幼兒的發展與輔導	盧素碧	文景
	不要低估你的孩子	蔡瑞洪　譯	信誼

	兒童保健	于祖英	匯華
	生活教養影響孩子一生	劉滌昭　譯	台英雜誌
兒童福利概論	兒童福利行政	林勝義	五南
器樂 幼兒音樂 琴法	音樂治療與教育手冊	林貴美	心理
	創意的音樂律動遊戲	黃麗卿	心理
	幼兒音樂與律動	秦楨	五南
	幼兒音樂與肢體活動：理論與實務	許月貴等譯	心理
	幼兒音樂學習原理	莊惠君　譯	心理
	幼兒音樂教材教法	張瑜役	五南
	幼兒音樂節奏教學	陳文婉	信誼
幼兒行為觀察與評量 幼兒行為輔導	三～六歲幼兒行為觀察與評量	倪鳴香等譯	信誼
	男孩與女孩	黃又青　譯	光佑文化
	兒童行為與觀察	李易霖　譯	光佑文化
	行為改變技術	陳千玉	五南
	幼兒行為觀察與記錄	劉慈惠等　譯	五南
	兒童行為觀察法與應用	黃意舒	心理
	幼兒行為與輔導	周天賜等譯	心理
	兒童行為的觀察與記錄	楊婉　譯	桂冠
幼兒教保活動設計	快樂的學習	Bobbi Fisher	光佑文化
	祥和的教室	李文正　譯	光佑文化
	與孩子共舞	劉玉燕	光佑文化
	開放式幼兒活動設計	盧美貴	心理
	幼兒教育課程設計	陳淑琦	心理
	教師發問技巧（第二版）	張玉成	心理
	談閱讀	洪月女　譯	心理
	幼教課程模式	簡楚瑛主編	心理
	學習環境的規畫與運用	戴文青	心理
	探索孩子心靈世界——方案教學的理論與實施	陶英琪、陳穎涵　譯	心理
	幼兒園活動設計	蔡淑苓	五南
	幼兒園課程標準	教育部國民教育司	正中
	幼稚園教材教法	張翠娥	大洋

教學媒體設計與應用	幼兒教具設計與活用	吳緒筑　譯	五南
幼兒工作	教學媒體與教學新科技	張霄亭　總校閱	心理
教具設計與製作	教學媒體（第二版）	劉信吾	心理
	幼兒的工作與遊戲	鄧麗君　譯	光佑文化
	立體創造與積極自我	胡寶林	遠流
嬰幼兒遊戲	幼稚園的遊戲課程	黃瑞琴	心理
幼兒遊戲	親子 100 科學遊戲	陳忠照	心理
	嬰幼兒遊戲＆教具	張翠娥、吳文鶯	心理
	幼兒遊戲	陳淑敏	心理
	不只是遊戲─兒童遊戲的角色與地位	段慧瑩、黃馨慧　譯	心理
	兒童遊戲與學習	鄭良儀	桂冠
	創造性肢體活動	江惠蓮	信誼
	幼兒團體遊戲	高敬文、幸曼玲　譯	光佑文化
	幼兒體能與遊戲	林風南	五南
幼兒文學	兒童文學	林文寶	五南
幼兒戲劇	兒童故事原理	蔡尚志	五南
	童話寫作研究	陳正治	五南
	幼兒故事學	何三本	五南
	童書非童書	黃迺毓	宇宙光
	創作性兒童戲劇入門	林玫君　編譯	心理
	幼兒文學	鄭瑞菁	心理
	圖畫書的欣賞與應用	林敏宜	心理
	即興表演家喻戶曉的故事	陳仁富　譯	心理
幼兒教保行政	幼兒教育法規彙編	吳清山、盧美貴	五南
	幼稚園行政	王靜珠	五南
	成功的托教行政管理	Jillian Rodd	光佑文化
	幼稚園設備標準	教育部國民教育司	正中
親職教育	親子關係一級棒	黃倫芬	心理
溝通技巧	成功的單親父母	鍾思嘉、趙梅如	心理
	現代父母	敖韻玲	心理
	管教孩子的 16 高招	吳武典　等	心理

	親職教育的原理與實務	林家興	心理
	教出資優孩子的秘訣	吳道愉　譯	心理
	孩子心靈任務	蔡知真	心理
	老師如何跟學生說話——親師與孩子的溝通技巧	許麗美、許麗玉　譯	心理
	給年輕的父母——談幼兒的心理和教育	陳瑞郎	心理
	親子關係與親職教育	蔡春美、翁麗芳、洪福財	心理
	資優兒童親職教育	盧雪梅　譯	心理
	面對孩子就是挑戰	張惠卿	遠流
	父母之愛	鄭石光	遠流
	父母怎樣跟孩子說話	張劍鳴　譯	大地
	怎樣教養 0 到 6 歲孩子	枳園　譯	大地
	持家藝術	黃迺毓	宇宙光
	回轉像小孩	黃迺毓	宇宙光
	永遠愛你	Robert Munsch	光佑文化
	名人談教養	周逸芬　編	光佑文化
	親職教育	邱書璇　等	啟英文化
	幼稚園、托兒所親職教育	蘇愛秋	信誼
	人際關係與溝通	曾端真、曾玲泯　譯	揚智
	親職教育理論與應用	王連生	五南
職業道德與倫理	心中有藍天	王淑俐	師大書苑
	身教——教師的大愛	鄭石岩	遠流
	在生命中追尋的愛	劉墉	水雲齋文化
	專業的幼教老師	廖鳳瑞　譯	信誼
	開放教育之教師專業發展	趙美聲　譯	心理
	反思教學——成為一位探究的教育者	李慕華　譯	心理
教保實務	孩子的一百種語言	幸曼玲	光佑文化
	全語言幼稚園	薛曉華	光佑文化
	進入方案教學的世界	林育瑋　等	光佑文化
	開放的足跡	廖鳳瑞　等	光佑文化
	EQ 老師出招	李政賢　譯	光佑文化
	做個稱職的幼教老師	賴玫芳	信誼
	娃娃家的設計與使用	張招　譯	信誼

	益智角的設計與使用	林翠湄　譯	信誼
	積木角的設計與使用	陳竹華　譯	信誼
	怎樣了解幼兒的畫	鄭明進	聯明
	鷹架兒童的學習	谷瑞勉　譯	心理
	班級經營——做個稱職的教師	鄭玉疊、郭慶發	心理
	幼稚園建構教學	陳淑敏	心理
	兒童遊戲與遊戲環境	江麗莉	五南
生涯規畫	生涯發展與規畫	張添洲	五南
	生涯規畫	李素卿　譯	五南
	生涯發展的理論與實務	吳芝儀　譯	揚智
	活出豪氣來	鄭石光	遠流
	愛、生活與學習	利奧・巴士卡力	洪建全
其他	創造活動與兒童	蕭志強　譯	光佑文化
	邁向自由的教育	鄧麗君　等譯	光佑文化
	枝枝葉葉	邱蕙瑛	光佑文化
	天心月圓	汪義麗、謝大寧	光佑文化
	成為一個人的教育	漢菊德	光佑文化
	教育的藝術	余振民　譯	光佑文化
	想像遊戲的魅力	黃又青　譯	光佑文化
	華利的故事	蔡慶賢　譯	光佑文化
	直升機、男孩	楊茂秀　等譯	光佑文化
	手拿褐色蠟筆的女孩	楊茂秀　譯	光佑文化
	孩子國的新約	游淑芬　譯	光佑文化
	毛毛蟲的思考	楊茂秀	光佑文化
	玩沙	林真美　譯	光佑文化
	積木	林真美　譯	光佑文化
	攀上心中的巔峰	劉墉	水雲齋文化
	在生命中追尋的愛	劉墉	水雲齋文化
	肯定自我	劉墉	水雲齋文化
	心靈簡單就是美	黃漢耀　譯	新路
	心靈簡單就是享受	吳達　譯	新路
	換個想法會更好	鄭石岩	遠流
	覺、教導的智慧	鄭石岩	遠流
	禪、生命的微笑	鄭石岩	遠流
	作自己的主人	鄭石岩	洪建全
	溝通勝手	陸炳文	平安文化

	多元才能——IQ 以外的能力	趙志裕等	心理
	開放社會的教育改革	歐用生	心理
	教育改造的心念	李錫津	心理
雜誌類	學前教育		
	嬰兒與母親		
	幼教資訊		
	父母親		
	幼教管理雜誌		
	幼教成長雜誌		
	學習家庭		

附錄 3

教保工作相關網址

夢幻村：http://mail.ht.net.tw/use/

十萬個為什麼 tern:http://www.hello.com.tw/~c876175d/

草莓兒童學習網：http://www.kid.com.tw/index-1.html/

健寶園：http://www.report.com.tw/wa/baby.htm

媽媽經 Mompage: http://www.taconet.com.tw/x baby

林老師的特教研究廣場：http://www.personal.pus.edulusers/c/x/cx1358/

beler 的幼教用品工作室：http://www.beler.webjump.com/

一一ㄚㄚ幼兒園 eeyy: http://www.hen.com.tw/child/o.htm

快樂學習營：http://www.nchu.edu.tw/~thes/22.htm

育兒經 baby's: http://www.hello.com.tw/~mom page/

美國兒童照護網 http://www.childcareaware.org/

ArtLand Chiclren's Artstudlio 雅典兒童專業美術 http://victorian. fortu-
    necity.com/whistler/149/

兩性／酷兒資源手冊：http://r703a.chem.nthu.edu.tw/~rpgs/hotlist/

柴爾德的黑皮屋 http://www.tmtc.edu.tw/~kidcen/

永春文教基金會 http://www.dudu.com.tw/~ssjung/

附錄 4

教職人員服務信條

　　教育乃百年樹人之大計，凡從事教育工作者，對於學生、學校、家庭、社會、國家、民族，及世界與人類，均有神聖莊嚴之責任；且對於自身之專業修養，應與時俱進，不斷充實，以提高工作效率。我教育界同仁為期堅定信念，自立自強，善盡職責，達成使命，爰於六十六年教育學術團體聯合年會通過「教育人員信條」，共同信守：

一、對專業

(一)確認教育是一種高尚榮譽的事業，在任何場所必須保持教育工作者的尊嚴。

(二)教育者應抱有高度工作熱忱，學不厭，教不倦，終身盡忠於教育事業。

(三)不斷的進修與研究，促進專業成長，以提高教學效果。

(四)參加各種有關自身的專業學術團體，相互策勵，以促進教育事業之進步，並改善教育人員之地位權益。

二、對學生

(一)認識了解學生，重視個別差異，因材施教。

(二)發揮教育愛心，和藹親切，潛移默化，陶冶人格。

(三)發掘學生疑難，耐心指導，啟發思想及潛在智能。

(四)鼓勵學生研究，循循善誘，期能自發自動，日新又新。

(五)關注學生行為，探究其成因與背景，予以適當的輔導。

(六)切實指導學生，明善惡、辨是非，並以身作則，為國家培養堂堂正正的國民。

附錄
4

103

三、對學校

（一）發揮親愛精誠的精神，愛護學校，維護校譽。

（二）善盡職責，切實履行職務上有關的各項任務。

（三）團結互助，接受主管之職務領導，與同仁密切配合，推展校務。

（四）增進人際關係，對新進同事予以善意指導，對遭遇不幸的同事，應予以同情，並加協助。

四、對學生家庭與社會

（一）加強學校與家庭之聯繫，隨時訪問學生家庭，相互交換有關學生在校及在家的各種情況，協調配合，以謀學生的健全發展。

（二）提供家長有關親職教育方面的知識，以協助家長適當教導其子女。

（三）協助家長處理有關學生各種問題。

（四）鼓勵家長參加親師活動，並啟示其善盡對社會所應擔負之責任。

（五）率先參加社會服務，推廣社會教育，發揮教育領導功能，轉移社會風氣。

五、對國家、民族與世界人類

（一）實踐中華民國教育宗旨，培育健全國民，建設富強康樂國家，並促進世界大同。

（二）復興中華文化，發揚民族精神，實踐民主法治，推展科學教育，配合國家建設，以完成復國建國的使命。

（三）堅持嚴以律己，寬以待人，剛毅奮發，有為有守，以為學生楷模，社會導師。

（四）闡揚我國仁恕博愛道統，有教無類，造福人群。

社區保母支持系統推動概況表

一、依據勞委會職訓局統計，至九十年十二月底止，領有保母技術
　　士證照人數共計 20,348 人。

二、社區保母支持系統推動一覽表。

縣市別	承 辦 單 位 名 稱	電 話
台北市	財團法人中華兒童暨家庭扶助基金會台北家庭扶助中心	02-23516940、02-23966832
	社團法人中華熊媽媽保母公益協進會	02-83695686、02-83695869
	中華民國保母策進會	02-23417447
高雄市	財團法人彭婉如文教基金會	07-3438805
	財團法人中華兒童暨家庭扶助基金會高雄家庭扶助中心	07-7262126、07-7262326
台北縣	台北縣保母協會	02-89517829
	財團法人中華熊媽媽保母公益協進會	02-83695686、02-83695869
	財團法人彭婉如文教基金會	02-23622957 轉 34、35、36
	財團法人中華兒童暨家庭扶助基金會台北縣家庭扶助中心	02-89512926
宜蘭縣	財團法人宜蘭縣私立蘭馨婦女福利服務中心	039-510518 轉 208
桃園縣	財團法人桃園縣保母協會	03-3702769
新竹縣	財團法人新竹縣私立東泰高級中學	03-5961232 轉 30、31
	新竹縣褓姆業職業工會	03-5962021
台中縣	財團法人彭婉如文教基金會	04-22626909
	台中縣托育協會	04-22429572、04-22467677
	台中縣褓母協會	04-22772025
彰化縣	彰化縣保母協會	047-290935
南投縣	南投縣褓姆學會	049-2242519、049-2242521
雲林縣	財團法人中華兒童暨家庭扶助基金會雲林家庭扶助中心	05-6323200
台南縣	財團法人彭婉如文教基金會	06-3357908
	財團法人中華兒童暨家庭扶助基金會台南縣家庭扶助中心	06-6324560

高雄縣	財團法人中華兒童暨家庭扶助基金會高雄縣家庭扶助中心	07-6213993
	高雄縣褓姆協會	07-7636945
屏東縣	財團法人人本教育文教基金會	08-7370925
花蓮縣	財團法人中華兒童暨家庭扶助基金會花蓮家庭扶助中心	038-236005
基隆市	財團法人中華兒童暨家庭扶助基金會基隆家庭扶助中心	02-24319000
新竹市	新竹市褓姆業職業工會	035-304667
	嬰幼兒保育學會	035-305389
台中市	財團法人中華兒童暨家庭扶助基金會台中家庭扶助中心	04-23260122
	社團法人台中市保母協會	04-24511802
嘉義市	嘉義市褓姆職業工會	05-2761723
	社團法人嘉義市保母協會	05-2751556
台南市	財團法人中華兒童暨家庭扶助基金會台南家庭扶助中心	06-2506782

*資料來源：內政部

教保實務
II

參考書目

◯ 李園會、劉錦志合著（民 77）：幼稚園教育實習。台北：五南。

◯ 谷瑞勉（民 88）：幼稚園班級經營。台北：心理。

◯ 洪鳳儀（民 89）：生涯規劃。台北：揚智文化。

◯ 教育部（民 87）：我國邁向學習社會白皮書。台北：作者。

◯ 黃意舒（民 85）：兒童行為觀察法與應用。台北：心理。

◯ 張添洲（民 82）：生涯發展與規畫。台北：五南。

◯ 楊朝祥（民 78）：生計輔導——終生的輔導歷程。台北：行政院青年輔導委員會。

◯ 劉信吾（民 88）：教學媒體（第二版）。台北：心理。

◯ 鄭玉珠（民 89）：嬰幼兒發展與保育。台北：美新。

◯ 盧美貴（民 80）：開放式幼兒活動設計。台北：心理。

教保實務
II

高職用書4

教保實務 II

作　　　者：鄭玉珠

執行編輯：陳文玲

副總編輯：張毓如

總　編　輯：吳道愉

發　行　人：邱維城

出　版　者：心理出版社股份有限公司

社　　　址：台北市和平東路二段 163 號 4 樓

總　　　機：(02) 27069505

傳　　　真：(02) 23254014

郵　　　撥：19293172

　E-mail　：psychoco@ms15.hinet.net

網　　　址：www.psy.com.tw

駐美代表：Lisa Wu

　　Tel　：973 546-5845　　　　　　Fax：973 546-7651

登 記 證：局版北市業字第 1372 號

電腦排版：臻圓打字印刷有限公司

印 刷 者：呈峰彩色印刷有限公司

初版一刷：2003 年 1 月

定價：新台幣 200 元

ISBN 957-702-553-6

國家圖書館出版品預行編目資料

教保實務 / 鄭玉珠著.— 初版.—臺北市：
心理, 2003（民 92）

　　冊；　　公分. —（高職用書；3—4）
參考書目：面
ISBN 957-702-520-X（第 1 冊：平裝）
ISBN 957-702-553-6（第 2 冊：平裝）

1.學前教育—教學法　2.幼稚園—管理

523.23　　　　　　　　　　　　　91012110

讀者意見回函卡

No. _____   填寫日期： 年   月   日

感謝您購買本公司出版品。為提升我們的服務品質，請惠填以下資料寄回本社【或傳真(02)2325-4014】提供我們出書、修訂及辦活動之參考。您將不定期收到本公司最新出版及活動訊息。謝謝您！

姓名：_____ 性別：1□男 2□女

職業：1□教師 2□學生 3□上班族 4□家庭主婦 5□自由業 6□其他_____

學歷：1□博士 2□碩士 3□大學 4□專科 5□高中 6□國中 7□國中以下

服務單位：_____ 部門：_____ 職稱：_____

服務地址：_____ 電話：_____ 傳眞：_____

住家地址：_____ 電話：_____ 傳眞：_____

電子郵件地址：_____

書名：_____

一、您認為本書的優點：（可複選）

❶□內容 ❷□文筆 ❸□校對 ❹□編排 ❺□封面 ❻□其他_____

二、您認為本書需再加強的地方：（可複選）

❶□內容 ❷□文筆 ❸□校對 ❹□編排 ❺□封面 ❻□其他_____

三、您購買本書的消息來源：（請單選）

❶□本公司 ❷□逛書局⇨_____書局 ❸□老師或親友介紹

❹□書展⇨____書展 ❺□心理心雜誌 ❻□書評 ❼□其他_____

四、您希望我們舉辦何種活動：（可複選）

❶□作者演講 ❷□研習會 ❸□研討會 ❹□書展 ❺□其他_____

五、您購買本書的原因：（可複選）

❶□對主題感興趣 ❷□上課教材⇨課程名稱_____

❸□舉辦活動 ❹□其他_____   （請翻頁繼續）

心理出版社 股份有限公司

台北市 106 和平東路二段 163 號 4 樓

TEL:(02)2706-9505
FAX:(02)2325-4014
EMAIL:psychoco@ms15.hinet.net

沿線對折訂好後寄回

六、您希望我們多出版何種類型的書籍

　　❶□心理❷□輔導❸□教育❹□社工❺□測驗❻□其他

七、如果您是老師，是否有撰寫教科書的計劃：□有□無

　　書名/課程：＿＿＿＿＿＿＿＿＿＿＿＿＿＿＿＿＿＿＿＿

八、您教授/修習的課程：

上學期：＿＿＿＿＿＿＿＿＿＿＿＿＿＿＿＿＿＿＿＿＿＿

下學期：＿＿＿＿＿＿＿＿＿＿＿＿＿＿＿＿＿＿＿＿＿＿

進修班：＿＿＿＿＿＿＿＿＿＿＿＿＿＿＿＿＿＿＿＿＿＿

暑　假：＿＿＿＿＿＿＿＿＿＿＿＿＿＿＿＿＿＿＿＿＿＿

寒　假：＿＿＿＿＿＿＿＿＿＿＿＿＿＿＿＿＿＿＿＿＿＿

學分班：＿＿＿＿＿＿＿＿＿＿＿＿＿＿＿＿＿＿＿＿＿＿

九、您的其他意見

＿＿＿＿＿＿＿＿＿＿＿＿＿＿＿＿＿＿＿＿＿＿＿＿＿＿

謝謝您的指教！